C. A. H. Burkhardt

Goethes Unterhaltungen mit dem Kanzler

Friedrich von Müller

D1730030

C. A. H. Burkhardt

Goethes Unterhaltungen mit dem Kanzler Friedrich von Müller

ISBN/EAN: 9783845742410
Erscheinungsjahr: 2012
Erscheinungsort: Bremen, Deutschland

© *Unikum in Europäischer Hochschulverlag GmbH & Co. KG, Fahrenheitstr. 1, 28359 Bremen.*
Alle Rechte beim Verlag und bei den jeweiligen Lizenzgebern.

www.unikum-verlag.de | office@unikum-verlag.de

Bei diesem Titel handelt es sich um den Nachdruck eines historischen, lange vergriffenen Buches. Da elektronische Druckvorlagen für diese Titel nicht existieren, musste auf alte Vorlagen zurückgegriffen werden. Hieraus zwangsläufig resultierende Qualitätsverluste bitten wir zu entschuldigen.

C. A. H. Burkhardt

Goethes Unterhaltungen mit dem Kanzler Friedrich von Müller

Goethes Unterhaltungen

mit dem

Kanzler Friedrich v. Müller.

Herausgegeben

von

C. A. H. Burkhardt.

Stuttgart.

Verlag der J. G. Cotta'schen Buchhandlung.

1870.

Einleitung.

Theodor Adam Heinrich Friedrich Müller wurde den 13. April 1779 zu Kunreuth in Franken geboren und entstammte einer Familie, die, so weit es sich verfolgen läßt, immer dem Dienste des dort angesessenen Geschlechtes v. Egloffstein sich gewidmet hatte.

Ein Gleiches wurde jedenfalls mit Friedrich Müller beabsichtigt, welcher im Engelhard'schen Institute zu Baireuth vorbereitet, eben 17 Jahr alt,[1] die Universität Erlangen bezog, um daselbst Jurisprudenz zu studiren. Nach einem dreijährigen Aufenthalte setzte er seine Studien in Göttingen fort[2] und erst von dieser Zeit an erschließt sich uns das Leben Müllers, der mit seltener Gewissenhaftigkeit und Strenge über sich selbst und seine Leistungen in den von da ab geführten Tagebüchern urtheilt, und schon hier erkennen läßt, daß es ihm tiefer Ernst war, etwas Vorzügliches zu leisten. Hinter ihm lag eine Vergangenheit, die ihm keineswegs Befriedigung gewährte; vor ihm eine Zukunft, die leider Angesichts einer zweifelhaften Gesundheit sich ihm oft trübte; aber unbeirrt strebte er rastlos vorwärts und nicht allein die glänzenden Zeugnisse eines Leist, eines Pütter und Sartorius, sondern auch die in spätern Jahren mit eben diesen Männern gewechselten Briefe liefern den vollgültigsten Beweis, daß Müller eine vorzügliche Erscheinung während seiner Studienzeit gewesen sein muß. Ihn zeichnete sein weit über das Fachwissenschaftliche hinausgehende Interesse aus; Alles, was seiner universellen

[1] 1796, 3. Mai immatriculirt.
[2] 1799, 14. April immatriculirt.

Bildung förderlich war, ergriff er mit Lebhaftigkeit. Besonders beschäftigte ihn die deutsche und französische Literatur; mächtig durch sie angeregt, versuchte er selbst zu dichten, so daß er, der früh der französischen Umgangssprache mächtig, seines gesellschaftlichen Talentes wegen gern in den Kreisen Göttinger Professoren gesehen wurde, unzweifelhaft die Ueberzeugung gewinnen ließ, daß dereinst sein Schicksal in der fränkischen Heimath sich freundlich gestalten werde.

Anders wollten es aber die gegebenen Verhältnisse.

Die Verbindung der Familie von Egloffstein mit Weimar, dessen Herzoge Carl August im Jahre 1800 Müller bereits von Göttingen aus empfohlen war, lenkte die Aufmerksamkeit auf den jungen Juristen. Wiederholt war Müller selbst in Weimar gewesen, wo das v. Egloffstein'sche Haus das Seine dazu beitrug, Müllers mancherlei treffliche Eigenschaften im gesellschaftlichen Verkehr zur Geltung zu bringen. Der Ruf, der dem jungen Mann als tüchtiger Jurist aus Pütters praktischen Uebungen voraufging, wurde durch Müllers Liebenswürdigkeit und Gewandtheit in den weimarischen Kreisen nur um so glaubhafter. Ein sehr begreiflicher Gang der Dinge! So kam es, daß seine oft gerühmte Tüchtigkeit für Weimar auf die Probe gestellt wurde, indem ihm der Herzog Carl August einen lang schwebenden Vormundschaftsproceß übertrug, der in kurzer Zeit zur Zufriedenheit des Herzogs beendet wurde. Dieß hatte Müllers definitive Anstellung als Assessor bei der Regierung zu Folge (1801. 12. October).

Die Gunstbezeugung Carl Augusts, der ihn schon nach kurzer Zeit[1] zum Regierungsrath beförderte, war ein Beweis, daß Müller allen Erwartungen entsprochen hatte. Wenn schon durch seine — unerwartete Verbindung — mit einer Bürgerlichen, Wilhelmine Lüttich,[2] in andere gesellschaftliche Bahnen getrieben, befestigte sich seine Stellung fort und fort und gewann an Bedeutung, da er überall zu den wichtigern Geschäften in rein staatlichen als in herzoglichen Privatangelegenheiten verwendet

---

[1] 1803, 1. April.

[2] Eine Tochter jener in den Vormundschaftsproceß verwickelten Familie. Er lernte sie im Stichling'schen Hause kennen.

wurde. Hier sei z. B. nur erwähnt, daß Müller Anfangs des Jahres 1806 die gesammte Braunschweig-Oels'sche Verlassenschaft für das herzogliche Haus Weimar zu reguliren hatte.

Aber weit wichtiger für Müller war die kurz darauf folgende Zeit, in der die Schlacht von Jena über Weimars Fürsten-Haus drohendes Unheil brachte. Hier war es, wo er mit freiwilligem Dienst-Eifer und mit unläugbar diplomatischem Geschick die Stellung Carl Augusts zu dem zürnenden Napoleon und die Lage des unglücklichen Landes wenigstens erträglich machte. Es gehörte Müllers volle Sicherheit, das Selbstvertrauen und das nahe an Eigenmächtigkeit grenzende Vorgehen dazu, um in dem Augenblick, wo Gefahr auf Verzug stand, etwas zu leisten, wenn dieß damals auch nicht überall gewürdigt und namentlich in d e n Kreisen Weimars zur Geltung kam, die sich durch Müllers Thätigkeit verletzt und überflügelt fühlten. Als sieben und zwanzigjähriger Mann hatte sich Müller in eine diplomatische Laufbahn hineingeschwungen, in der er fort und fort für das weimarische Haus und Land segensreich wirkte. Schon nach kurzer Zeit hatte die auswärtige Thätigkeit eine Erhöhung seines Ranges[1] zur Folge gehabt, als ihn Carl August mit Rücksicht auf das außerordentliche Verdienst den 30. Januar 1807 in den Adelsstand erhob. Freilich erfuhr auch hier Müller, daß das freie Geschenk fürstlicher Huld in dem e n g e r n Vaterlande die verdiente Geltung nicht erhielt. Ueber fünf Jahre kämpfte er um den Besitz der Vorrechte des neuen Standes am herzoglichen Hofe, aus dessen engern Kreisen er bis 1812 ausgeschlossen blieb, obwohl Carl August selbst die Billigkeit des Verlangens nach Vorstellung am Hofe völlig anerkannt hatte.

Unbeirrt um die entgegengesetzten Strömungen, die übrigens im Leben Müllers wiederholt sich zeigten, blieb er im Geleise seiner Thätigkeit.[2] Wo ein sicheres, energisches Eingreifen nöthig

[1] 1806, 2. Dec., wurde Müller Geheimer Regierungsrath.

[2] Für die Thätigkeit Müllers von 1806—1813 vergl. die „Denkwürdigkeiten" desselben, die des Interessanten viel enthalten. Auf Grund der vorhandenen Acten werden sie sich aber künftig nicht nur erweitern, sondern auch zu einer werthvollen Geschichtsquelle machen lassen, da Müller seiner Zeit nicht Alles verarbeiten konnte.

war, kam man gern auf ihn zurück. So schrieb der Herzog am
6. November 1813 an den Kanzler v. Wolffskeel: Bei der jetzt
herrschenden Unordnung, bei dem Mangel an Ordnung auf dem
Einquartierungsbureau muß ich dem Polizeicollegium Jemanden
zugeben, der selbst Lust hat energisch in die Zügel zu greifen.
Hierzu habe ich den Geh. Regierungsrath v. Müller gewählt.

Seitdem auch Weimar die Segnungen des Friedens erhalten,
erweiterten sich die Geschäftskreise Müllers, die sich freilich nur in
einer eingehenden Biographie vollständig veranschaulichen lassen.
Aber verfolgen wir den Gang seines Lebens auch in der be-
schränktesten Weise, so treten uns eine reiche Menge von Momenten entgegen, welche seine außerordentliche Stellung und
eminente Thätigkeit erkennen lassen. Denn auf seinen Betrieb
kam die Trennung der Rechtspflege von der Verwaltung im
Großherzogthum zu Stande und er selbst trat 1815, 15. December
als Kanzler an die Spitze der Landesjustiz. Einen gleich bedeutenden Antheil hatte er an der Bildung des gemeinschaftlichen
Oberappellationsgerichtes in Jena, welches er 1817 den 21. Januar
mit feierlicher Rede eröffnete. Längst war er auf die Hebung des Ge-
meindewesens durch Herstellung freisinniger Städteordnungen bedacht
gewesen. Bereits am 14. Oct. 1822 sah sich die Hauptstadt des Groß-
herzogthums, der Müller stets eine feste Stütze in den trüben
Tagen der Kriegsjahre gewesen war, in der glücklichen Lage, für
diese Neuschöpfung ihren Dank zu votiren. Eine Reihe der bedeutendsten Arbeiten,[1] welche den Landtagen unterbreitet wurden,
verdanken ihre Entstehung der stets bereiten und rührigen Hand
Müllers, der sich seit 1835 als Abgeordneter und wiederholt er-
wählter Vorstand außerordentlich auszeichnete. Selbst fernliegenden
Geschäften unterzog er sich gern; namentlich solchen, in denen
seine Vertrautheit mit den persönlichen Beziehungen des Hofes von
Nutzen sein konnte. Noch ehe Karl August dahin ging, wurde Müller
mit der theilweisen Ordnung des großherzogl. Hausarchives be-
traut,[2] für dessen weitere Neugestaltung er 1835 kraft besondern
Auftrags des Großherzogs Karl Friedrich thätig war.[3] Längst

---

[1] Dahin gehört u. a. die Stempel- und Gebührenordnung von 1829.
[2] Den 27. Mai 1828.
[3] Damals ordnete er sämmtliche unversiegelte Briefschaften.

hatte er eine höhere staatliche Stellung als Geheimer Rath eingenommen,[1] und auch von auswärts waren ihm mancherlei Beweise für die Anerkennung seiner reichen Thätigkeit geworden,[2]
als er 1841 den 8. Januar mit Befriedigung auf sein fünf und
zwanzigjähriges Wirken als Kanzler zurückblicken konnte. Noch
ein Mal hatte er die Freude einer weitern Beförderung gewürdigt
zu werden,[3] als sich hie und da schon die Vorboten ankündigten,
daß er auf die Dauer den geistigen Anstrengungen nicht gewachsen sein werde. Aber stets sich aufraffend, trafen ihn tiefer
die mächtigen Ereignisse des Jahres 1848. Nicht seine Stellung
und die Zustände im engern Vaterlande, sondern die Gestaltung
des großen Ganzen, welche seinen Erwartungen als zwar frei-
sinnigen aber streng monarchisch Gesinnten nicht entsprach, be-
rührten ihn eben so tief, als das herbe Geschick manch' politischen
Freundes und sonstiger hochgestellter Personen. Wenige Monate
nach diesen Stürmen bat er um seine Entlassung aus dem Staats-
dienst und erhielt dieselbe in der ehrenvollsten Weise am 14. Juli
1848. Damals schrieb ein hochverdienter Staatsmann an ihn die
anerkennenden Worte: Es ist meiner Ueberzeugung nach ein
großes Glück, wenn man auf ein thatenreiches Geschäftsleben
mit dem Bewußtsein zurückblicken kann, daß man immer im wohl-
wollenden Sinne gewirkt habe; wenn man das Bewußtsein in sich
tragen kann, daß man viele aufrichtige Freunde und treue An-
hänger zählt und sich diese unter allen Wechselfällen des Geschäfts-
lebens erhalten hat. Sie erfreuen sich dieses Glücks in seltenem
Grade und verdienen es. Gott erhalte Sie und gebe Ihnen ein
glückliches Alter.

Leider ging dieser Herzenswunsch nicht in Erfüllung. Zu früh,
am 21. October 1849, endete Müllers thatenreiches Leben durch
einen Krampfanfall.

Aber in den rein amtlichen Beziehungen Müllers kommt
nur ein kleiner Theil seines Wirkens zur Geltung, und wenn wir
hier auch von mancherlei Richtungen seiner Thätigkeit absehen

---

[1] 16. Febr. 1829.

[2] z. B. erhielt er 1839, 29. Aug., den königl. sächs. Civilverdienstorden.

[3] 1843, 30. Aug., wurde er wirklicher Geh. Rath.

müssen, so erscheint es uns unerläßlich, wenigstens andeutungs=
weise auf seine literarischen Bestrebungen zurückzukommen,
aus denen manch Bekanntes und vieles der Vergessenheit Anheim=
gefallene hervorgegangen ist. Für diese Richtung seines Lebens
war Weimar die rechte Stelle. Gleich bei seinem Eintritt wurde
er mit den hervorragendsten Kreisen bekannt. Schiller und Herder,
Wieland und Goethe sahen und begrüßten ihn als ein lebens=
frisches Element, vieler anderer nicht zu gedenken, in deren Kreisen
sein reges Interesse und seine Persönlichkeit selbst ansprachen.
Keine Verbindung aber ist von so hervorragender Bedeutung für
ihn wie für die Gesammtheit geworden als der Umgang mit
Goethe, dem er mehr als zwei Decennien hindurch nahe stand.
Stellt ein Verhältniß Müllers geistige Bedeutung fest, so ist es
dieses; spricht ein Moment für Müllers persönlichen Werth, so ist
es der, in welchem er Goethe bei der Abfassung seines Testamentes
mit Rath und That beistand, und zum Vollstrecker desselben be=
stellt wurde. Für den geistigen Verkehr Beider mögen die nach=
stehenden Unterhaltungen selbst Zeugniß ablegen; sie werden
die sichere Ueberzeugung gewinnen lassen, daß Müller nicht
allein ein anregender Freund, sondern ein das Wesen
Goethe's tief erfassender Mann war, dessen ganze literarische
Richtung durch Goethe's Umgang bedingt wurde. Müllers Auf=
sätze über Goethe's ethische Eigenthümlichkeiten und Goethe's
praktische Wirksamkeit gehören zu den bekanntesten Leistungen,
viele andere sind in Zeitschriften zerstreut, noch andere ungedruckt,
deren Sammlung und Herausgabe mein Interesse besonders in
Anspruch nimmt. Und wenn unter der reichen Anzahl dieser
literarischen Producte auch nicht Alle auf Goethe Bezug haben,
so erhält doch die Zeit Goethe's, durch die klare Beleuchtung
anderer und zum Theil auf Goethe rückwirkender Verhältnisse, in
vielen Beziehungen neue Lichter und interessante Schatten.

Aber Müllers literarische Verdienste um die Goethe=Literatur
machen sich auch in anderer Weise geltend. Er war gleichzeitig
ein eifriger Sammler der Briefe Goethe's, und seine vielfältigen
Beziehungen, die wieder zum guten Theil seinem Verhältnisse
zu dem Dichter zuzuschreiben sind, waren ihm hierin behülflich.
Haben diese natürlich nur abschriftlichen Sammlungen

Goethe'scher Briefe an Dritte durch die inzwischen er=
schienenen Briefwechsel nicht mehr den ursprünglichen Werth, so
gewähren sie ein entschiedenes Interesse wegen ihres Umfanges,
und wegen ihrer Ordnung nach bestimmten Kreisen und für ver=
schiedene Phasen des Goethe'schen Lebens, so daß hier wohl un=
verkennbar der Plan zu einer Biographie des Dichters zu Tage
tritt Eben so anziehend sind die Sammlungen der Urtheile über
Goethe und dessen Schriften, deren Vollständigkeit sich nur durch
das große Interesse erreichen ließ, welches Müller überall be=
thätigte, wenn es das Andenken des Dichters zu ehren und zu
pflegen galt.

Noch entzieht sich die Thätigkeit Müllers als Testaments=
vollstrecker Goethe's der Beurtheilung; so viel sei aber an dieser
Stelle gesagt, daß dieses Amt eine gewaltige Arbeitskraft und
eine große geschäftliche Umsicht bedingte. Der Antheil Müllers
an der Herausgabe der Goethe'schen Werke ist ein größerer als
man vermuthet, und trotz der schwer wiegenden Sorgen und Mühen
um die Goethe'sche Verlassenschaft blieb doch mancher seiner
Herzenswünsche unerfüllt. Dahin gehört vor allem, daß sein
wohlgemeinter Plan, Goethe's Haus und die Sammlungen mit
Hülfe des deutschen Bundes zu einem Nationaldenkmale zu ge=
stalten, sich bei der Haltung der Goethe'schen Erben leider nicht
realisiren ließ.

Ueberhaupt waren die Erfahrungen, welche Müller in seiner
Eigenschaft als Testamentsvollstrecker machte, keineswegs geeignet,
sich am Abende seines Lebens Freude an Publicationen über
Goethe zu schaffen. Betrübend war das Schicksal seines Goethe=
Reinhard'schen Briefwechsels,[1] der in der Literatur ohne seinen
Namen dasteht, und die werthvolle Einleitung, welche nur er als
Freund des Grafen in so gediegener Weise abfassen konnte, ruht
ungekannt, wenn auch nicht für alle Zukunft, in dem Müller'schen
Archive.

Gerade zwanzig Jahre sind seit dem Tode Müller's dahin=
gegangen, und jetzt erst ist es möglich geworden, diesen Nachlaß

---

[1] Der Vertrag auf Dreitheilung des Gewinns wurde vom Sohne
des Grafen Reinhard, nicht aber von Goethe's Erben anerkannt.

im Interesse der Wissenschaft zu verwerthen. Die rasche Folge der Trauerfälle[1] in Müllers Familie, welche in kurzer Zeit bis auf den Enkel ausstarb, erklärt, daß, wenn auch der Nachlaß möglichst vor Verlusten geschützt wurde, sich doch der Benutzung im literarischen Interesse entzog. So blieb auch Schölls Wunsch, „Müllers Erinnerungen aus den Kriegsjahren von 1806—13,"[2] weitere Publicationen folgen zu lassen, unerfüllt, da dessen Beziehungen zur Familie nach dem Tode der Geheimen Räthin Müller aufhörten. Oefterer Transport des Nachlasses, auch einige miß-glückte Ordnungsversuche hatten überdieß die ursprüngliche muster-hafte Ordnung fast bis zur Unkenntlichkeit zerstört, so daß es vieler mühevoller Stunden bedurfte, ehe ich in die rohen Massen Klarheit und Uebersichtlichkeit bringen konnte.

So tauchten auch die Unterhaltungen mit Goethe wieder auf, deren Existenz Schöll als Freund v. Müllers schon längst festgestellt hat.[3] Es ist ein mäßiger Band in Folio von fremder Hand mundirt, in dem Müller eigenhändig einzelne Verbesserungen angebracht hat. Jedenfalls verdankt man diese Zusammenstellung der Gespräche der Thätigkeit Müllers bald nach dem Ableben Goethe's, und sie war zweifelsohne in dem gegebenen Umfange kurz nach dessen Tode für die Oeffentlichkeit bestimmt. Aber schon die Ordnung der Tagebücher[4] Müllers ließ anerkennen, daß nicht alles auf Goethe Bezügliche aufgenommen war, wenn

---

[1] Der Bruder von Müller: Geh. Reg. Rath Müller in Jena, starb vor v. Müller; der andere, Major a. D., wenige Monate nach letzterem. Fr. v. Müllers einziger Sohn, der Geh. Kammerrath, folgte dem Vater innerhalb eines Jahres. Die Verlassenschaft ging nach dem Tode der Geh. Räthin auf den damals noch minderjährigen Carl v. Müller über.

[2] Braunschweig bei Vieweg und Sohn 1851.

[3] In der Vorrede zu den von ihm herausgegebenen Erinnerungen pag. VI. und VII.

[4] Müllers Tagebücher waren lauter volucre Blätter in Quart, Oc-tav und Folio, aus denen übrigens hervorgeht, daß er mit ganz beson-derer Vorliebe die Gespräche mit Goethe behandelte, indem er sie sofort ausarbeitete, während alle andern Begegnisse mit wenigen Worten ab-gethan werden.

auch die Reinschrift sonst mit der ursprünglichen Quelle bis auf ganz unwesentliche Abweichungen übereinstimmt.[1]

Diesen Standpunkt Müllers glaubte ich im Interesse der Wissenschaft aufgeben zu müssen. Mir schien es geboten, Alles was sich für die Verhältnisse des Dichters den Tagebüchern entnehmen ließ, aufzunehmen, selbst auch Notizen, die Müller hie und da nicht verarbeitet hat. Meine Zusätze, welche sich übrigens streng an die Quelle binden, sind durch ein B. kenntlich gemacht. Ebenso sind die Anmerkungen,[2] welche für einen weitern Leserkreis, nicht für den in die Literatur Eingeweihten berechnet sind, mein Eigenthum, insofern nicht die freundliche Unterstützung Anderer hierbei in Betracht kommt. Die Beigabe eines Registers in dieser Ausdehnung rechtfertigt sich selbst.[3] Nur offenbare Irrthümer in der Schreibweise der Namen habe ich verbessert, sonst mich an das Gegebene gehalten.

Was endlich die Bedeutung der Müller'schen Arbeit selbst anlangt, so betone ich vorzüglich, daß sie uns weiter als die trefflichen Eckermann'schen Gespräche in Goethe's Leben zurückversetzt und diese auch vielfach ergänzt. Abgesehen davon, daß sie dem Biographen Goethe's manche willkommene Notiz darbietet und des Dichters persönliche und geschäftliche Verhältnisse, seine Bestrebungen für Kunst und Wissenschaft und seinen Standpunkt zu den verschiedenen Strömungen der Zeit beleuchtet, so gewährt sie ein ganz besonderes Interesse dadurch, daß die Gespräche unmittelbar nach der Unterhaltung im frischen Eindruck derselben niedergeschrieben, und nicht wie die sonst vorzüglichen Eckermann'schen Gespräche auf Grund kurzer Notizen verhältnißmäßig spät ausgearbeitet und stylistisch abgerundet sind. Sehr leicht fühlt man heraus, wo Müller sein Referat durch eigene Zuthaten gefärbt hat, wie dieß an ganz vereinzelten Stellen besonders in dem Gespräche unter dem 18. April 1815 ersichtlich ist, auf welches ich vorzüglich

[1] Auf dem Titel habe ich mir erlaubt, Goethe's Namen voranzustellen, während im Text der ursprüngliche Titel der Arbeit beibehalten worden ist.

[2] Citirt ist nach Goethe's Ausgabe in 36 Bänden. Cotta 1867.

[3] In demselben finden sich auch kurze Notizen über Persönlichkeiten, die in den Anmerkungen nicht beachtet sind.

hinweise. — Wohl taucht mancher Moment in den Gesprächen auf, für welchen wir in der reichen Goethe-Literatur bereits Anklänge finden; dahin gehören einzelne Aeußerungen des Dichters über bedeutende Lebensverhältnisse und ihm besonders nahestehende Karaktere; dahin gehören Urtheile, die theils neu, theils gekannt, deßhalb eine ganz neue Schärfe und Wahrheit haben, weil sie unverkennbar mit des Dichters eigensten Worten wiedergegeben sind. Aber — und gern schließe ich mit dem werthvollen Urtheile Schöll's: — „die Müller'schen Aufzeichnungen gewähren eine individuelle Vergegenwärtigung, innerhalb welcher die persönliche Farbe der Unterhaltung, die Stimmung in der Goethe hin und wieder sprach, die Laune in der er sich gab oder versteckte, die derbe Auslassung des Affectes und eine dem Mitsprecher imponirende Ueberlegenheit, endlich wieder die mit ihm spielende Ironie — kurz das Augenblickliche, das momentan Wirkliche des Karakter-bildes — deutlicher empfunden und bestimmter nüancirt werden, als in den Briefen und andern Memoranden."

Weimar, im October 1869.

C. A. H. Burkhardt.

Fr. v. Müllers

Unterhaltungen mit Goethe.

B. 1808 14. December [1]

war ich bei Goethe. „Ich studiere, sprach er, jetzt die ältere französische Literatur ganz gründlich wieder, um ein ernstes Wort mit den Franzosen sprechen zu können. Welche unendliche Cultur, rief er, ist schon an ihnen vorüber gegangen zu einer Zeit, wo wir Deutsche noch ungeschlachte Bursche waren. Deutschland ist nichts, aber jeder einzelne Deutsche ist viel, und doch bilden

[1] Müller wurde durch H. Meyer 1801 am 13. September bei Goethe einzuführen gesucht. Letzterer war nicht zu Hause. Meyer zeigte nur einige Goethische Zimmer, einige Zeichnungen von sich und das Goethische Bild von Bury, welches auf Müller einen gewaltigen Eindruck machte.

Am 21. September lernte dieser Goethen kennen. Müller notirt über diese erste Zusammenkunft nur: Goethe spricht sehr ruhig und gelassen, wie etwa ein bedächtiger, kluger Kaufmann; sein Auge ist scharf; er war recht artig und gesprächig.

Da die Tagebücher Müllers von 1803—5 fehlen, und von der Zeit an Müller meist auswärts politisch thätig war (vergl. „Müller's Denkwürdigkeiten"), so können wir leider die Müller'sche Zusammenstellung seiner Gespräche nicht in gewünschter Weise ergänzen.

Die Daten 1808 8. März und 30. März beurkunden nur ein Zusammensein mit Goethe bei Geh.-Rath Voigt und bei Schopenhauers. In letzterem Zirkel war Goethe theilnehmend und mittheilend, beschrieb Carlsbad, und kam auf die großen Oceane zu sprechen, deren sehr kleine Breite man auf 3—400 Schritte berechnet habe. Von Schröder behauptete er, daß er kein wahrer Künstler sei, weil er so viel Kunststücke gemacht und in höchst tragischen Momenten verrückter Späße fähig gewesen sei. Ohne Gemüth sei keine wahre Kunst denkbar.

Dann finden wir Goethe mit Müller 1808 am 12. und 14. Juli bei einer Conferenz in Liebenstein zusammen, wo Goethe sich „lebhaft für einen Erdfall interessirte."

sich letztere gerade das Umgekehrte ein. Verpflanzt und zerstreut wie die Juden in alle Welt müssen die Deutschen werden, um die Masse des Guten ganz und zum Heil aller Nationen zu entwickeln, die in ihnen liegt.

Hierauf kam er auf J. H. Voß zu sprechen, dessen Karakter sich erst später „versteinert" habe. „Für seine Angriffe in der Recension über des Knaben Wunderhorn[1] will ich ihn auch noch einst auf den Blocksberg citiren."[2]

Zum Behufe der geschichtlichen Ausarbeitung über die Farbenlehre studierte Goethe die Zeitgeschichte aller einschlagenden großen Schriftsteller. Wie er jene ansah, davon gab er mir eine Probe durch die Einleitung zu Roger Baco's Leben (geb. 1214). Auf so heiterm Grunde, setzte er hinzu, lasse ich nun die Figur selbst hervortreten. „Welch' eine Welt von Herrlichkeit liegt in den Wissenschaften, wie immer reicher findet man sie. Wie viel Klügeres, Größeres, Edleres hat gelebt und wir Zeitlinge bilden uns ein, allein klug zu sein. Ein Volk, das ein Morgenblatt, eine elegante Zeitung, einen Freimüthigen hat, und Leser dazu, ist schon rein verloren. Wie hundert Mal besser ist die so verschriene Romanlectüre, die doch eine ungeheuer weite, — wenn gleich nicht solide Bildung hervorgebracht hat.

Am 23. October 1812

wollte Goethe mit mir einen Besuch bei dem französischen Gesandten Baron von St. Aignan abstatten. Wir trafen ihn aber nicht zu Hause. Im Heimgehen kamen wir auf seine Kupferstichsammlungen zu sprechen, wie er denn auserlesene Blätter daraus alle Sonntags Morgen jenem kunstliebenden Freunde und mir vorzuzeigen und zu erläutern pflegte. „Mir ist der Besitz nöthig, äußerte er, um den richtigen Begriff der Objecte zu bekommen. Frei von den Täuschungen, die die Begierde nach einem Gegen-

---

[1] v. Achim, v. Arnim und Brentano, Heidelberg 1806—8, 2. Aufl. 1819. Die Recension von Voß steht im Morgenblatt v. 1808 Nr. 283 und 284.

[2] Düntzer, aus Goethe's Freundes Kreisen 1868, Abh. J. H. Voß berührt dieses Verhältniß nicht.

stand unterhält, läßt erst der Besitz mich ruhig und unbefangen urtheilen. Und so liebe ich den Besitz, nicht der besetzten Sache, sondern meiner Bildung wegen und weil er mich ruhiger und dadurch glücklicher macht. Auch die Fehler einer Sache lehrt mich erst der Besitz, und wenn ich z. B. einen schlechten Abdruck für einen guten kaufe, so gewinne ich unendlich an Einsicht und Erfahrung. Einst verkaufte mir ein bekannter Kunstkenner eine angebliche Antike, die er innerlich für ein modernes Product hielt; es fand sich aber, daß es eine wirkliche Antike war; so erschien er bestraft, ich aber für meinen guten Glauben belohnt."

Wir setzten das Gespräch in Goethe's Garten fort und es fiel bald auf die neueste Literatur. Die meisten neuen Schriften, die man mir sendet, sagte er, stelle ich hin und lese sie erst nach einigen Jahren. Dann habe ich das geläutertere Urtheil der Zeitgenossen und das Werk selbst zugleich vor mir.

„Tieck, Arnim und Consorten haben ganz recht, daß sie aus früheren Zeiten herrliche Motive hervorziehen und geltend machen. Aber sie verwässern und versauern sie nur gewaltig und lassen oft gerade das Beste weg. Soll ich alle ihre Thorheiten mitschlucken? Es hat mich genug gekostet zu werden wie ich bin; soll ich mich immer von Neuem beschmutzen, um diese Thoren aus dem Schlamm zu ziehen, worein sie sich muthwillig stürzen? Oehlenschläger war wüthend, weil ich seinen Correggio[1] nicht aufführen ließ. Zwar hatte ich Wanda[2] aufgenommen, — aber muß man denn zehn dumme Streiche machen, weil man einen gemacht hat?"

[1] Nach Niederlegung der Theaterleitung Goethe's in Weimar sechsmal aufgeführt 1819—27.

[2] Von Werner. Aufgeführt in Weimar 9mal: 1808 30. Januar, 3. Febr., 15. Febr., 14. Mai, 19. Nov.; 1809 11. Nov.; 1811 2. März; 1812 26. Sept. Am 8. Juli 1813 endlich als romantische Tragödie mit Gesang von Werner, Musik vom Concertm. Destouches. Alles nach gütigen Mittheilungen des Herrn Hofschausp. Franke, Ehrenmitgl. des Hoftheaters.

16. December 1812.

Alles [1] verkündet Dich,
Nahst Du im Morgenlicht,
Eilet die Sonne hervor.
Zeigst Du im Garten Dich
Bist Rose der Rosen. Du,
Lilie der Lilien zusammt.
Neigst Du am Tage Dich,
Drehn die Gestirne all'
Im Kreis sich um Dich,
Kehrt die Nacht, o wär' sie da,
Ueberstrahlst Du des Mondes
Lieblich einladenden Glanz.
Labend und lieblich bist Du,
Sonne, Blume, Mond und Sterne
Huldigen nur Dir.
Tagschaft Du, Nachtschaft mir,
Leben und Ewigkeit ist's.

So ohngefähr, aber gewiß noch viel schöner, als ich es im
Gedächtniß behielt, war das Lied, welches Goethe mir heute von

---

[1] Das Gedicht ist spät (1816) in Goethe Zelters Briefwechsel II
259 erwähnt. Ob dabei die Zelter'sche Composition gemeint ist, bleibt
zweifelhaft. Es findet sich in seiner wahren Gestalt in der Hempel'-
schen Goetheausgabe. Gedichte I. 40. — Also schon aus dem Jahre 1812,
nicht, wie Strehlke meint, aus dem Jahr 1813 stammt das Gedicht.
Zur Bequemlichkeit für den Leser setzen wir es hier her:

Gegenwart.

Alles kündet Dich an!
Erscheinet die herrliche Sonne,
Folgst Du, so hoff' ich es, bald.
Trittst Du im Garten hervor,
So bist Du die Rose der Rosen,
Lilie der Lilien zugleich
Wenn Du im Tanze Dich regst,
So regen sich alle Gestirne
Mit Dir und um Dich umher.

Dem. Engels[1] zur Guitarre singen ließ. Er hatte es nach „Namen, ich nenne Dich nicht[2] 2c." gedichtet, weil ihm dieser Text mit seinen ewigen Negationen und Verheimlichungen zu unlyrisch, ja verhaßt war.

Die heutige Bedeckurg des Aldebarans[3], jenes schönen Fixsternes im Zeichen des Widders, durch den Mond hatte ihn sehr feierlich und heiter gestimmt. Es war, als ob ihm selbst etwas höchst Bedeutendes widerführe. Da war er denn zu Anerkennung jedes Ausgezeichneten doppelt gestimmt. Er rühmte Riemer's Tüchtigkeit, der ein für allemal nichts, „bloß um die Sache abzufertigen" thue. So strich er auch Zelters Großheit und männliche Fassung im tiefsten Schmerz bei dem Selbstmord seines Sohnes[4], frei von aller kleinlichen Sentimentalität, ungemein heraus.

„Die Astronomie, äußerte er, ist mir deßwegen so werth, weil sie die einzige aller Wissenschaften ist, die auf allgemein anerkannten, unbestreitbaren Basen ruht, mithin mit voller Sicherheit immer weiter durch die Unendlichkeit fortschreitet. Getrennt durch Länder und Meere theilen die Astronomen, diese geselligsten aller Einsiedler, sich ihre Elemente mit und können darauf wie auf Felsen fortbauen."

> Nacht! und so wär es denn Nacht!
> Nun überscheinst Du des Mondes
> Lieblichen, ladenden Glanz.
> Ladend und lieblich bist Du,
> Und Blumen, Mond und Gestirne
> Huldigen, Sonne, nur Dir.
>> Sonne, so sei Du auch mir
>> Die Schöpferin herrlicher Tage!
>> Leben und Ewigkeit ist's.

[1] Hofschauspielerin, spätere Frau (1818 5. Mai) des bekannten Dürand. Seit 28. Aug. 1805 war sie am Hoftheater und † 24. Juni 1845 (nach Frankes ungedr. Memoiren).

[2] Richtiger: Namen nennen Dich nicht, (Lied v. W. Ueltzen).

[3] Er verschwindet bei der Bedeckung durch den Mond nicht sofort, sondern bleibt etwa 1½ Secunde gleichsam auf dem Mondrande.

[4] Stiefsohn J. Fr. Zelters. Vergl. dessen Briefw. mit Goethe II, 33, wo Zelter den Verstorbenen schildert.

Er kam sodann auf A. v. Steigentesch's Angriff gegen deutsche Literatur im Schlegel'schen Museum [1] zu sprechen, der ihn sehr indignirte. Schlegel ist gegen besseres Wissen bloß durch Steigentesch's lockre Tafel dazu verführt worden, diesen verruchten Aufsatz aufzunehmen. Die bessern Wiener wissen das recht gut. So heiter hatte ihn jene astronomische Erscheinung gestimmt, daß er den Gedanken faßte, die musikalischen Vereine, die bekanntlich früher der Neid der Jagemann gestört hatte, für den Sonntag Morgen wieder aufzunehmen. Sein ganzes Herz schien daran zu hängen. Wie manche schöne Stunde dürfen wir uns demnach wieder versprechen!

Sonnabends Abend den 28. Mai 1814

fuhr ich zu Goethe nach Berka, wo er damals im obersten Stock des sogenannten Edelhofes einige Wochen zubrachte und mich sehr herzlich aufnahm. Ein kleiner Spaziergang mit Riemer vor Schlafengehen gab Gelegenheit von August Goethe's verdrießlichen Händeln mit von Werthern zu sprechen.

Pfingst-Sonntag.

Herrlicher Morgen! Ein Spaziergang beim Selters-Trank erfrischte mich an Geist und Gemüth. Ich konnte nicht satt werden, mich in behaglichster Ungebundenheit in den grünen Gründen zu ergehen und jedes frischen Zweiges und Baumes zu erfreuen, und des Geistlichen kräftige Predigt vom Lebensmuthe fand mich in der empfänglichsten Disposition. Ein schönes Thema: „Euer Herz sei voll Muth, denn es wird mein Geist kommen, der Euch tröstet."

Wir tafelten lange bei Goethe. Er schien mir sehr angegriffen durch den Gedanken an das bevorstehende Duell seines Sohnes. Seine Unzufriedenheit über der Frau von Staël Ur-

---

[1] Jahrg. 1812 3. Heft in dem Aufsatze: Ein Wort über deutsche Literatur und deutsche Sprache. S. 197—221.

theile[1] über seine Werke brach lebhaft hervor. Sie habe Mignon bloß als Episode beurtheilt, da doch das ganze Werk dieses Karakters wegen geschrieben sei. Meister müsse nothwendig so gährend, schwankend und biegsam erscheinen, damit die andern Karaktere sich an und um ihn entfalten könnten, weßhalb auch Schiller ihn mit Gil Blas[2] verglichen habe. Er sei wie eine Bohnenstange, an dem sich der zarte Epheu hinaufranke. Die Staël habe alle seine, Goethe's, Productionen abgerissen und isolirt betrachtet, ohne Ahnung ihres innern Zusammenhangs, ihrer Genesis. Daher sei ihre Kritik über Schiller[3] so viel besser, weil dessen allmähliche Ausbildung in der chronologischen Folge seiner Stücke klar vorliege.

Riemer mußte den für Halle[4] entworfenen Prolog und das Lobspiel auf Keil vorlesen. Auch von dem unternommenen Stück zu des Königs von Preußen Empfang in Berlin wurde gesprochen.

Montags, 30. Mai.

Unter häßlichem Regenwetter fuhr ich nach Weimar, um nach Goethe's Wunsch das bevorstehende Duell seines Sohnes mit Rittmeister v. Werthern auf schickliche Weise zu verhindern. Es gelang durch Herrn v. Gersdorfs eifrige Mitwirkung, und dieser fuhr selbst mit mir nach Berka zurück. Nach einem heitern Mittagsmahle gingen wir im Vorsaale auf und ab, in welchem der große ausführliche Plan von Rom aufgehängt war.

Goethe animirte mich sehr zu einer Reise nach Italien. Biester[5] habe sie einst in drei Monaten gemacht. Plötzlich blieb er vor jenem Abbilde Roms sinnend stehen und zeigte auf Ponte molle, über welchen man, von Norden herkommend, in die ewige Roma einzieht. „Euch darf ich's wohl gestehen, sagte er, — seit

---

[1] Die Beurtheilung in „de L'Allemagne." Deutsche Ausg. Berlin 1814 II. II. 71.

[2] Histoire de Gil Blas de Santillane von Le Sage.

[3] Fr. v. Staël a. a. O.

[4] Goethe's Werke XV. 321.

[5] J. Erich, Director der Bibliothek in Berlin.

ich über den Ponte molle heimwärts fuhr, habe ich keinen rein
glücklichen Tag mehr gehabt." Und dabei waltete tiefe Rührung
über seinen Zügen!" Ich lebte, fuhr er fort, zehn Monate lang
zu Rom ein zweites akademisches Freiheitsleben; die vornehmere
Gesellschaft ganz vermeidend, weil ich diese ja zu Hause schon habe."
Im Fortlauf des Gesprächs erzählte er von einer seltsamen Unterredung mit Lord Bristol, der ihm den durch seinen Werther an-
gerichteten Schaden vorwarf. „Wie viel tausend Schlachtopfer
fallen nicht dem englischen Handelssystem zu Gefallen, entgegnete
ich noch derber; warum soll ich nicht auch einmal das Recht
haben, meinem System einige Opfer zu weihen?"

Als er darauf ein herrliches Blatt von Israel von Mecheln
(1504), den Tanz der Herodias vorstellend, uns zeigte, setzte er
hinzu: „Der Mensch mache sich nur irgend eine würdige Gewohnheit zu eigen, an der er sich die Lust in heitern Tagen
erhöhen und in trüben Tagen aufrichten kann. Er gewöhne sich
z. B. täglich in der Bibel, oder im Homer zu lesen, oder Medaillen oder schöne Bilder zu schauen, oder gute Musik zu hören.
Aber es muß etwas Treffliches, Würdiges sein, woran er
sich so gewöhnt, damit ihm stets und in jeder Lage der Respect
dafür bleibe."

Wir machten hierauf einen sehr angenehmen Spaziergang
vom Bade durch die stillen Wiesengründe bis zur Kohlenhütte
vor dem Orte gegen Saalborn zu. Dort setzten wir uns auf
Bauhölzer und schwelgten im reinsten ländlichen Naturgenusse.
Dann tranken wir Thee in der Hütte am Flusse. Goethe schilderte mit heiterster Laune den verstorbenen D. Bucholz, der sich
von der kaiserl. Akademie der Naturforscher den Namen Plinius
secundus ausbat. „Aber es heißt ja Niemand von der Sipp-
schaft also," ward ihm erwiedert.

Beim Abendessen erzählte ich erst meine Posener Abenteuer [1]
mit Hrn. v. Studnitz, dann die zu Kropstädt [2] in Napoleons

[1] v. Müllers Denkwürdigkeiten p. 89, nämlich Müllers Unterhand-
lungen mit Napoleon wegen der Verhältnisse des Herzogthums Weimar.
M. blieb nämlich mit St. in den ungepflasterten Straßen Posens stecken.

[2] Müllers Denkw. p. 18.

Bivouac, im October 1806 und schilderte hierauf des Ministers von Frankenberg possierliche Individualität, wie Goethe die des Fürsten Kaunitz. Man habe z. B. dem Letzteren nie vom Tode reden dürfen, und das Ableben des Kaisers Joseph sei ihm nur dadurch hinterbracht worden, daß sein Secretär ihm sagte: „Joseph II. unterschreibt nicht mehr." Kaunitz hatte eine alte kränkliche Schwester, der er öfters die besten Speisen und besonders Früchte von seiner Tafel zusandte. Dieß setzte er lange fort, als sie schon verstorben war. Goethe hielt Frankenbergs Zerstreuung und carirtes Wesen ursprünglich für absichtlich angenommene Maske.

B. Donnerstag, 9. Juni 1814.

Ich fuhr mit Riemer und Meyer, der sehr interessante Mittheilungen über die Verhältnisse der Schweiz machte, nach Berka, wo sich Goethe mit Wolf aufhielt. Da das Wetter sich besser zeigte, wandelten wir bis 6 Uhr Abends am Badehause auf und ab und speisten dann unter einem Zelte. Wolf erzählte von Blücher, der von seinen Siegen zu sagen pflege: Gneisenau's Weisheit, meine Tollkühnheit und des lieben Gottes Segen haben uns so weit gebracht. Von v. Bülow, dem preußischen Finanzminister, der alle Popularität durch seinen Vorschlag der Besoldungsreduction verloren, kam er auf Humboldt zu sprechen, welcher trotz seiner vielen und wichtigen Geschäfte zu Châtillon die Uebersetzung des Agamemnon von Sophokles vollendet habe. Dann waren die mancherlei Märchen von Napoleons Krankheit und Thorheiten Gegenstand der Unterhaltung, welche auf der Fahrt nach Elba sich ereignet haben sollten, worüber Goethe ergrimmte und die Behauptung hinzufügte, Keller werde nie die Wahrheit erzählt haben, außer seinem Kaiser; so wenig wie ich jemals meine Unterredung mit Napoleon aufrichtig [1] mitgetheilt habe, um nicht zahllose Klatschereien zu erregen.

[1] Wir verdanken die Skizze Goethe's über diese Unterhaltung der besondern Anregung des Kanzlers v. Müller. Vergl. das Gespräch vom 14. Febr. 1824.

B. Den 18. April 1815.

Ich begab mich heute zu Goethe, um ihm die mir an=
vertrauten Zeichnungen der Prinzeß Julie¹ vorzulegen. Dort
traf ich auch den Hofrath Meyer. Zunächst legte ich die Zeich=
nungen vor, zu welchen der Zauberring² die Sujets geliefert
hatte. Nach einem sorgsamen Ueberblick äußerte sich Goethe:
„Nun, das holde Kind soll höchlich gelobt sein. So viel reine
Intention, so liebliche Anordnung, so zierlich nette Ausführung
und so viel Freiheit in der Bewegung verrathen ein herrliches
Naturell, das auf dem Wege der vollständigsten Ausbildung schon
weit genug vorgeschritten ist." Ja ja, sagte Meyer hinzu, es ist
gar erfreulich, ein so hübsches Talent sich aus sich selbst heraus
entwickeln zu sehen. Nur Studium der Perspective wäre noch
zu wünschen und einige theoretische Aufklärung über Beleuchtung
und Schatten. Das ist's, sprach Goethe, aber kein Buch und
selbst keine Intuition der Meisterwerke kann diesem Mangel ab=
helfen; es wäre erforderlich sich mündlich zu verständigen, zwei,
drei ihr klar entwickelte Grundbegriffe würden Wunder thun und
ihr schnell das Verständniß öffnen, worauf es noch ankommt,
um auch die letzte Stufe der künstlerischen Ausbildung noch er=
klimmen zu können. Doch solche Offenbarung muß der Zufall
herbeiführen, er ist ja immer schönen Naturen günstig. Meyer:
Und so muß man auch bei einem so sinnigen Gemüthe nicht viel
hofmeistern wollen. Ich möchte wohl sagen, der beste Rath für
sie sei, sich ihrer innern Eingebung recht frei zu überlassen.
Kenntniß der Anatomie und ganz probefeste Zeichnung von ihr
zu fordern, wäre thöricht; aber wundern mag man sich wohl,
daß dem ohngeachtet die Proportionen ihrer Figuren und Gruppen
auch dem schärfern Blick so wenig Anstoß geben. Goethe:
Sehen sie nur, wie hübsch Bertha und Otto am Bache com=
ponirt sind. Dieß zierlich reine Mädchengesicht, diese allerliebste
Wendung des Köpfchens und Oberleibs kann nur aus einer

¹ Julie v. Egloffstein ist gemeint. Schöll meint, Müller habe es
als eine Art „Protokoll" für den Herzog C. August benützen wollen,
der sich thätig für die Ausbildung der Gräfin zur Malerin interessiren sollte.
² v. Fouqué, Ritterroman, Nürnberg 1815.

reinen Mädchenphantasie entsprungen sein. Wie weit ist sie nicht
vorgerückt, seit wir zum letzten Male Proben ihres Talentes sahen.
Die Stufe der Flaxmannischen Umrisse hat sie schon glücklich
überschritten, und es richtig geahndet, wie jene bedeutsam leeren
Räume auszuschütten wären. Sie darf zu jener niedern Stufe
nicht wieder zurückkehren wollen und sie kann es auch nicht, so
wenig als ein Kind wieder in Mutterleib zurück kann. Auf
dem Bilde, wo dem alten Ritter von fern das holde Paar zu-
eilt, hat sie zwar noch à la Flaxmann die mittleren Räume
ganz leer gelassen, aber man sieht deutlich, daß sie nur ver-
schmähte, etwas minder Bedeutsames hinzuzufügen und wohl richtig
ahnen mochte, was eigentlich noch hingehöre. Es ist etwas so
anmuthig Jungfräuliches in diesen Zeichnungen, so viel Einfach-
heit und Verachtung überflüssiger Zierrath. Gerade so viel
örtliche Unterlage als nöthig war zu individualisiren. Wie
sauber sind z. B. das gothische Fenster und die Blätterranken
gezeichnet, wo Bertha sich herausbiegt. „Ich kenne den Zauber-
ring nicht und werde ihn niemals lesen, denn das ist mir ver-
boten von meinem Obern;" aber dieses Bild hat Zauberreiz genug
für mich, um es auch ganz isolirt zu verstehen und zu lieben.
Sehen Sie den Brief hier unten, wie artig arglos angebracht,
und das spähende Mädchenauge verräth doch hinlänglich, was
sie so sehnend suche. Welch kräftigen Druckes hat der Bleistift
der Zeichnerin dem Auge des Otto gegeben, wie er vor Frau
Minnetrost kniet; ei ei, das schöne Kind muß doch auch
wohl verliebte Augen schon in anmuthiger Nähe gesehen haben,
weil sie dem Jüngling hier so glühende Liebesblicke einhauchen
konnte.

Wie rein ist die Seele, die sich auf Bertha's betendem Antlitz
spiegelt! Aber der Türke hinter ihr ist auch schon ein ganz zahmer
Türke geworden.

Ich holte nun auch die mir anvertrauten Landschaftszeichnungen herbei, und es ist schwer auszusprechen, wie viel heitern
Genuß sie den beiden Kunstfreunden gewährten. Vorzüglich
rühmten sie das ruhige tiefe Gemüth und die innigste Anschauung
des äußerlich Bedeutenden, sodann die freie Behandlung schwieriger Gegenstände und die Liebe und reinliche Sorgfalt, mit der auch

das kleinste Detail behandelt sei. Goethe: Hier, dieß kleine Blatt, so scheinbar unvollendet, so herausgehoben, wie aus einem größern Ganzen; gleichsam ein Anklang, Probestückchen, es ist fürwahr mir das Erste und Liebste. Macht es denn wohl Friedrich je besser? Meyer: Und noch dazu lange nicht so anmuthig. Goethe: Seht nur doch diesen Faltenwurf an der sitzenden, lesenden weiblichen Figur, diese anmuthige Behandlung des Untertheils; sollte man nicht glauben, unser holdes Kind habe den Andreas del Sarto studiert? Wahrlich, wenn hier nicht das glücklichste Naturell sich ankündet, so giebt es niemals eins. Und wie großartig sind diese Felsenpartien behandelt, jene Linde, wie durchsichtig und üppig! In dieser Müllerin mit dem Kinde ist die individuellste Natur erlauscht und hier der isolirten ländlichen Hütte, die uns so stumm beredt in die freundlich kleine Thür einzutreten ladet, fehlt nur noch rechts etwas, mehr Freiheit des Blicks, etwas mehr Keckheit in der Begrenzung, um ganz vortrefflich zu sein. Sprecht nur, alter Herr (zu Meyer), ihr hocherleuchteten Kritiker, wo ist denn sonst noch etwas zu tadeln? Was möchte man denn im geringsten anders wünschen. Meyer: Es ist eben alles recht, heiter und lieblich gedacht, und reinlich und zart ausgeführt, wie es einem wohlthun mag, es anzuschauen. Man sieht, ihr Instinct leitet sie ganz richtig und so soll sie ihm nur immer folgen und sich mehr und mehr an Mannichfaltigem versuchen, da sie des Einzelnen schon so Herrin ist. Goethe: Hat denn Scherer jemals so artige Figuren, so runde nette Compositionen gemacht? Was an Ramberg[1] Gutes ist, das sieht man in ihren Zeichnungen wohl hier und da durchblitzen, aber von seinen Fehlern finde ich nichts. Nun mit einem Worte schreiben Sie dem schönen lieben Kinde, es solle gar hoch gelobt sein, und es sei nur dieß bitter und streng an ihr zu tadeln, daß sie uns so fern sei und so fern bleiben zu wollen Miene mache.

Aber sogleich gebe ich die freundlichen Zeichnungen nicht zurück, ihr müßt sie schon einige Tage unter meinem Dache lassen, daß ich sie sehe und wieder sehe und mich recht heimlich ihrer freue.

[1] R. Heinrich, Hofmaler zu Hannover.

Den 12. Mai 1815.

Ich kam Nachmittags 4½ Uhr zu ihm und traf Peucern an. Nach einigen Mystificationen und humoristischen Ausfällen über die tragische Kunde von v. Müfflings[1] Unfall in Lüttich, womit — wie er sagte — ich ihm vorgestern den Theaterspaß versalzen hatte, lenkte sich bald das Gespräch auf die bekannte Wiener Ächtserklärung gegen Napoleon vom 13. März d. J. Goethe äußerte, er hoffe, Gentz habe als ein schlauer Fuchs das Volk dadurch nur elektrisiren wollen und den fecken Ausruf zum Reizmittel gebraucht, wohl wissend übrigens, daß es mit diesem Bann ganz dieselbe Bewandtniß habe, wie mit dem vom Vatican herabgeschleuderten. Die deutsche Hypochondrie müsse von Zeit zu Zeit durch solche Theater-Coups aufgeregt werden und selbst falsche Siegesnachrichten seien oft dazu sehr dienlich, indem sie über die momentane Gefahr den Schleier der Hoffnung würfen.

Er nahm hiervon Gelegenheit von seinen in der Campagne 1792 und bei Mainz das Jahr darauf bestandenen Gefahren zu erzählen, insbesondere von der famosen Kanonade bei Valmy, wie da die Pferde, gleich Sturm umregten Fichten, schnaubend hin- und hergeschwankt hätten, und wie ihm insbesondere das zarte Gesichtchen des Standard Junkers von Bechtolsheim gar seltsam contrastirend erschienen sei. Rechts und links hätten die Kanonenkugeln den Koth der Straße den Pferden zugespritzt; doch das sei alles einerlei und nichts bedeutend, „wenn man sich einmal der Gefahr geweiht habe."

Die naive Erzählung einer von ihm veranlaßten venetianischen Justizverhandlung (ad laudes), herbeigeführt durch eine Excursion über die Fideicommisse, stach sehr lieblich gegen jene Kriegsscene ab. Goethe hat doch eine ganz eigne Art zu beobachten und zu sehen, Alles gruppirt sich ihm gleich wie von selbst und wird dramatisch. Auch sagte er im vollen Selbstgefühl: „Wenn ich meine Augen ordentlich aufthue, dann sehe ich wohl auch was irgend zu sehen ist."

[1] Landschaftsdirector und Feltmarschall.

Die Erinnerung an seine nahe Abreise nach Wiesbaden ent=
lockte ihm manche hübsche Darstellung seines dortigen geologisirend
politischen Lebens. Nassau's Länder und Staaten wurden hoch
gepriesen, und von einem reizenden jungen Mädchen, der Tochter
eines Secretärs bei irgend einem Departement zu Wiesbaden,
erzählt, die die höchsten Anlagen zur Declamation und zum
theatralischen Spiel besitze. Sie habe ihm den Wassertaucher
vordeclamirt, aber mit zu viel Malerei und Gesticulation; darauf
habe er sie statt aller Kritik gebeten, es noch einmal zu thun,
aber hinter einem Stuhle stehend und dessen Lehne mit beiden
Händen festhaltend. Das schöne Kind habe bald Absicht und
Wohlthat dieser Bitte empfunden und lebhaft dafür gedankt.
Verwechsle man doch nicht, fuhr er fort, e p i s c h e Darstellung,
mit l y r i s c h e r oder d r a m a t i s c h e r.

Wenn Maria Stuart sich dem bezaubernden Eindruck des
Naturgenusses hingibt, „laßt mich der neuen Freiheit genießen,"
dann — .rief er aus — gebraucht Euere Glieder und macht
damit, was Ihr wollt und könnt; aber wenn Ihr erzählt oder
bloß beschreibt, dann muß das Individuum verschwinden und
nur starr und ruhig das Objective sprechen, wiewohl in die
Stimme aller mögliche Wechsel und Gewalt gelegt werden mag."

Solche Anklänge brachten das Gespräch bald auf Julie v.
Egloffstein, die Goethe eine incalculable Größe nannte. Er habe
ihr, durch den heillosen Lavater in alle Mysterien eingeweiht,
bald angesehen, daß sie sehr schön lesen müsse und daher
gefürchtet, er werde v e r l e s e n sein, wenn er sie höre.

B.   Den 30. November 1816.

Ich traf Goethen sehr heiter, ruhig und gemüthlich. Eben
waren die Monatstabellen der Zeichenakademie[1] eingegangen,
was Gelegenheit gab, über die Wichtigkeit periodisch wieder=
kehrender Uebersichten zu sprechen. Goethe fand einen Knaben
wegen Unarten ausgestrichen, Meyer erläuterte den Sachverhalt;

---

[1] Ueber die Weimarische Zeichenschule vergl. den Aufsatz Stichlings
in den Weim. Beiträgen f. Literatur und Kunst v. 1865

er selbst habe den Unterlehrern in Goethens Namen nachgelassen, ein halbes Dutzend todt zu schlagen. Bei Anpreisung der Vortheile, die jedem gebildeten Menschen das Zeichnen gewähre, sprach Goethe das gewichtige und doch sehr einfache Wort: „Es entwickelt und nöthigt zur Aufmerksamkeit und das ist ja doch das Höchste aller Fertigkeiten und Tugenden." Er erzählte, daß er täglich um 7 Uhr aus dem Bette zu dictiren anfange, erst Briefe, dann nach dem Aufstehen aus seinem Leben. So halte ich mich von der Welt zurückgezogen, um gesund zu bleiben und finde mich so meinen Obliegenheiten noch gewachsen.

B. Den 26. December 1816.

Auf kurze Zeit besuchte ich Goethen, der heute schlaffer als sonst war. Die Preßvergehen wollte er bloß polizeilich geahndet haben.

B. Den 13. October 1817.

Nachmittag besuchte ich Goethen, der sehr artig und mittheilend war, nachdem ich vier Wochen getrotzt hatte. Er zeigte mir die „Krönung der Maria" und [1] die Wunder des Hieronymus von (Fiesole) herausgegeben mit Beschreibung von Schlegel. Dann legte er des jungen Kaufmann schönes römisches Stammbuch vor und gab mir die Modelle der Schweizergebirge. Sehr schön und gemüthlich sprach er über Hofrath Meyers Aufenthalt in Heidelberg, über den Kastengeist der Jenaischen Akademiker und Graf Rhedens [2] Persönlichkeit. [3]

[1] Irrthümlich: Es heißt: oder die Wunder des heiligen Dominicus nach J. v. Fiesole, gez. von W. Ternite.

[2] Wahrscheinlich Graf Redern, der aus Goethe Zelters Briefwechsel bekannt ist.

[3] Am 19. Oct. 1817 machte Müller mit Münchow einen Besuch bei Goethe. Dabei ist nur notirt: Panorama des Genfer See's und Simplons.

Am 21. October war Müller zum Souper bei Goethe, wo die Ehlers

B. Den 27. Februar 1818.

Abends 7¾ Uhr holte ich Julie zu Goethen ab. Wir waren
erst ganz allein mit dem alten Herrn und Ottilie und da war er
ganz allerliebst. Julie legte ihre Zeichenbücher vor, die er sehr
humoristisch kritisirte. Es ist unerlaubt, ja unverschämt, so viel
Schönes zu machen, ohne einen Begriff davon zu haben; sie solle
Perspective studieren, und vorzüglich schalt er die sklavische Treue
im Zeichnen nach der Natur. Dann soupirten wir unten in dem
neueingerichteten Zimmer, während Goethe eine allerliebste Liebes-
geschichte von Karlsbad erzählte, und das Geständniß ablegte, daß
er sich mit ältern Damen gar nicht gern befasse. Darauf zeigte
er uns merkwürdige Handschriften aus der Zeit des dreißigjährigen
Krieges und aus dem brandenburgischen Hause, welche in einer
Foliantenkapsel gar zierlich und nett eingeschachtelt waren. [1]

B. Den 5. März 1818.

Heute besuchte ich Goethen, der sehr genial Friesen das Skelet
eines Tigers nannte und seine Vorahnungen des Unheils aus
der Wartburgfeier erzählte. Quiconque rassemble le peuple,
l'émeut. rief er mehrmal aus. Gegen Voigt saß mir die Mißbil-
ligung der Erlaubniß zur Wartburgfeier schon auf den Lippen;
ich habe sie aber verschluckt, um mich nicht zu compromittiren ohne
Erfolg. Ich habe im 22. Jahre den Egmont geschrieben und
bin seit dem nicht stille gestanden, sondern diese Ansichten über
Volksbewegung immer fort mit mir sich durchleben lassen. Nun
weiß ich wohl, woran ich bin; meint ihr, der Egmont sei nur
ein . . . . gewesen, der mir entschlüpft, oder man müsse mich erst
trepaniren, um den Splitter aus dem Gehirn zu ziehen?

(Hofschauspielerin 1801—1805 und wieder engagirt von 1817—1818)
sang.

Am 10. Decemb. 1817 notirt Müller: Goethens Ruhe und Vor-
ahndung noch übler Ereignisse wegen der Preßfreiheit. Genaue Acten-
führung über die Bibliotheks-Veränderungen.

[1] Den 28. Febr. 1818 notirt Müller: Goethe war tödtlich krank.

Freitags Abend, 6. März 1818.

Goethe öffnete uns seine Zimmer, als ich bei Ottilien den Abend zubrachte. Er war höchst liebenswürdig in seinem weißen Flausrock und schaukelte uns gleichsam hin und her im sanften Auf- und Niederwogen seines Gesprächs. Nachdem er eine Mappe der interessantesten Kupferstiche mit uns durchblättert und viel Gewichtiges darüber gesagt hatte, kamen wir plötzlich von der Kunst auf die Natur zu sprechen.

Von Wiesbaden äußerte er, daß das Leben dort zu leicht, zu heiter sei, als daß man nicht verwöhnt würde fürs übrige Leben. Er möge daher nicht zu oft hinreisen; Karlsbad störe das innere Gleichgewicht schon weit weniger. Oft bestimme die kleinste Zufälligkeit die dauerndsten Verhältnisse im Leben, und am meisten wirkten Berge auf die Verschiedenheit der Sitten und Karaktere, weit mehr als Klima und Sprache. Viel Scharfsinniges und fast Fabelhaftes erzählte er von seinen Wolkenstudien. An die freundliche Einladung zu ihm nach Jena „auf seine Tanne" knüpfte er die interessantesten Aeußerungen über das Leben und Treiben der Jenaischen Professoren, das ihn ewig frisch und in steter Fortbildung erhalte.

„Seht liebe Kinder, was wäre ich denn, wenn ich nicht immer mit klugen Leuten umgegangen wäre und von ihnen gelernt hätte? Nicht aus Büchern, sondern durch lebendigen Ideen-Tausch, durch heitere Geselligkeit müßt Ihr lernen."

Als die Richtigkeit seiner Ansicht, daß Professoren mehr als andere Geschäftsleute zu thun hätten, bestritten und ich z. B. hingestellt wurde, nach Belieben bei der Nachbarschaft zu weilen, sagte Goethe, ein Kanzler müßte eigentlich gar keine Nachbarschaft haben und von Staatswegen eine Brandmauer vor seinen Fenstern aufgeführt werden. Nun da verdiene ich ja wohl den Dank des Staates, entgegnete Julie, daß durch eine neuere Vorrichtung an meinem Zeichenfenster wenigstens zum Theil solch eine Brandmauer aufgeführt worden ist. Ja wohl, sagte Goethe, einen dreifachen Dank, des Kanzlers Augen, des Staats und Ihrer (Julien v. Egloffstein) eigenen Augen wegen. Ob das der Kanzler wohl auch gewissenhaft niederschreiben wird?

B. Am 9. März war ich mit Julie v. Egloffstein bei Goethe, wo wir Coudray und Rehbein trafen. Er zeigte uns herrliche Claude Lorrains aus England und kritisirte Juliens Zeichnungen. Am 13. März Abends nahm ich bei Goethe, der nach Jena ging, kurzen Abschied.

Goethe in Dornburg, am 29. April 1818.

Wir [1] fuhren bei heiterster Frühlingssonne gegen 8 Uhr Morgens von Weimar aus nach Dornburg — Blüthenburg — sollte man sagen, denn Dornen fanden wir keine, aber duftende, herrliche Blüthen in Menge.

Wie der Wagen so vorüber rollte an friedlichen, stillen Dörfern, von frischgrünenden Obst- und Grasgärten umschlungen, überkam uns alle ein unaussprechliches Gefühl heiterer Frühlingslust und Ahndung. Trauliche Gespräche, meist ernsteren Inhalts kürzten den Weg.

Falks gestrige Aeußerungen über Toleranz und Mischung des Guten und Bösen in der Natur, gaben bald Anlaß zu tiefern Erwägungen. „Alles Böse, behauptete ich, nach Weishaupts und Goethe's Lehre komme eigentlich nur aus Irrthum oder Trägheit; es gebe kein radicales, ursprüngliches Böse, so wenig als der Schatten ein positives Etwas sei; der Dualismus habe von jeher die meisten Verwirrungen und Irrthümer erzeugt, das wahrhaft Menschliche zerspalten und die Menschen in Kampf und Widerspruch mit sich selbst verwickelt. So habe man thöricht Gutes und Böses, Kunst und Natur, Offenbarung und Deismus, Geist und Körper, Ideal und Wirklichkeit einander schneidend und schroff entgegengesetzt und die Mittel-Tinten und Uebergänge ganz übersehen. Die höchste Stufe der Cultur und Humanität sei Duldung und heiteres Bewußtsein, daß alle Disharmonie früher oder später in Harmonie sich auflösen werde und müsse! Solches Ziel habe Herder erstrebt, aber freilich nicht rein, nicht vollständig errungen, da seine Reizbarkeit und Tadelsucht ihn oft abgeführt habe vom rechten

---

[1] Mit Julie v. Egloffstein; der andere Theilnehmer ist nicht zu ermitteln. Vielleicht Meyer?

Wege. Goethe sei höchst tolerant mit dem Verstande, aber freilich nicht immer mit dem Gemüthe."

Gegen eilf Uhr langten wir an. Eine Viertelstunde vorher ward der Weg steinigter, die Gegend öde, die Aussicht beschränkter; plötzlich that das reizend blühende Saalthal in seiner ganzen Herrlichkeit sich unsern überraschten Blicken auf, und das Auge stürzte sich jubelnd und trunken die steilen Felsenabhänge hinab. Gastlich öffneten sich die Pforten des allerliebsten Feenschlößchens, das am schroffen Felsabhange wie durch Zauberei aufgerichtet scheint. Eilig durchflogen wir die Zimmer rechts und links, grüßten freudig die schönen Lahngegenden, die in bunten Landschaften hier aufgehängt sind und unter denen vorzüglich Weilburg und Limburg uns als alte Bekannte traulich ansprachen, und fixirten uns dann sofort an das Eckfenster im Zimmer der Frau Großherzogin Louise, damit unsere eifrige Zeichnerin von hier aus einen Theil der Gegend, vom alten Schlosse gegen die Brücke hinab, aufnehmen könne. Wir mochten so etwa eine halbe Stunde am offnen Fenster gesessen haben, als durch den kleinen Garten unter dem Fenster ein stattlicher Mann ernst und feierlich aus den Gebüschen heranschritt.

Es war Goethe, der hochverehrte Meister, den ein Brief von mir gestern Abend von unserer Hierherreise benachrichtigt[1] und zu uns eingeladen hatte! — Jubelnd flogen wir ihm entgegen, und sein heiteres Auge lohnte unserer herzlichen Bewillkommnung. Alsobald mußte das Zeichnen fortgesetzt werden, mit der zärtlichsten Sorgfalt machte er auf alle kleinen Vortheile in Aufnahme und Behandlung des Gegenstandes aufmerksam und förderte so das begonnene Werk zum allerheitersten, bald lobend, bald scheltend. „Ach! wärst Du mein Töchterchen, rief er scherzend aus, wie wollt ich Dich einsperren, bis Du Dein Talent völlig und folgerecht entwickelt hättest! Kein Stutzer sollte Dir nahen, kein Heer von Freundinnen Dich umlagern, Convenienz und gesellige

---

[1] Müller hatte geschrieben: Wenn Sie, hochverehrter Gönner, gegen Mittag gen Dornburg fahren wollten, so würden Sie Ihre schöne Schülerin dort finden und den freudigsten Willkomm. Wir sind oben im Schlößchen, und ich soll gar angelegentlich bitten, daß Sie kommen. (Concept Müllers.)

Ansprüche Dich nimmer umgarnen; aber copiren müßtest Du
mir von früh bis in die Nacht, in systematischer Folge, und
dann erst, wenn hierin genug geschehen, componiren und selbstständig schaffen.   Nach Jahresfrist ließe ich Dich erst wieder aus
meinem Käfig ausfliegen, und weidete mich dann am Triumphe
Deiner Erscheinung." Unsre Zeichnerin zeigte aber keine sonder-
liche Lust, sich einer solchen Kunstdiät zu unterwerfen, obwohl
sie mit der muntersten Laune den alten Meister beschwor, ihr
seine strengen Lehren auch auf ihrem gewohnten Lebensgange
nicht zu versagen.   Er schüttelte skeptisch den Kopf, vermeinend:
solche hübsche Kinder horchten gar freundlich auf die Lehren der
alten Murrköpfe, weil sie sich stillschweigend den Trost gäben,
nur so viel davon zu befolgen, als ihnen gerade beliebte.
„Willst Du aber, mein Engelchen, fuhr er fort, hierin wirklich
eine Ausnahme machen, so fordere ich zur Probe dreißig Copien
von Everdingens in Kupfer gestochenen kleinen Landschaften, die
ich Dir zum Beginn eines folgerechten Portefeuille geben werde
und setze Dir sechzig Tage unerstreckliche Frist."

Die Freundin schrie hoch auf über die gewaltige Aufgabe;
aber Goethe blieb unerbitterlich und setzte wie ein wahrer Im-
perator hinzu: „wie Du es ausführst, das ist Deine Sache;
genug, ich fordere es und weiche kein Haar breit von meinem
Gebote ab."

So verstrich unter Scherzen und Neckereien der Rest des
Vormittags; unterdessen war im zierlichen Saale das kleine
Mittagsmahl aufgetischt und das fröhliche Quartett ließ sich
nicht lange mahnen.   Auf derselben Stelle wurde es eingenommen, wo einst vor 16 Jahren eine verwandte fröhliche Gesellschaft bei ähnlicher Lustfahrt im heitern Uebermuth auf rosenbe-
streuten Polstern unter Guitarrenspiel und Gesang sich niedergelassen und dem Genius des Orts manch geflügeltes Wort und
Lied geopfert hatte:

> „Die alten Berge schauten freundlich wieder
> „Herein auf unser Mahl, auf unsre Lust,
> „Und leiser Nachhall jener frohen Lieder
> „Zog mit Erinn'rungsschauer durch die Brust.

„Es taucht der Blick ins stille Thal hernieder,
„Sucht nach den Zeugen längst entschwund'ner Lust
„Und an des Flusses Krümmung, auf den Fluren
„Geliebter Tritte längst verwischte Spuren!"

Doch bald nahm das Gespräch eine höhere Richtung. In solcher Naturherrlichkeit, in solchem Freiheitsgefühl von allem Zwang der Convenienz schließt der edlere Mensch sein Inneres willig auf und verschmäht es, die strenge Maske der Gleichgültigkeit vor sich zu halten, die im täglichen Leben den Andrang der lästigen Menge abzuhalten bestimmt ist. So auch unser Goethe! Er, dem über die heiligsten und wichtigsten Anliegen der Menschheit so selten ein entschiedenes Wort abzugewinnen ist, sprach diesmal über Religion, sittliche Ausbildung und letzten Zweck der Staatsanstalten mit einer Klarheit und Wärme, wie wir sie noch nie an ihm in gleichem Grade gefunden hatten. Das Vermögen, jedes Sinnliche zu veredeln und auch den todtesten Stoff durch Vermählung mit der Idee zu beleben, sagte er, ist die schönste Bürgschaft unsres übersinnlichen Ursprungs. Der Mensch, wie sehr ihn auch die Erde anzieht mit ihren tausend und abertausend Erscheinungen, hebt doch den Blick forschend und sehnend zum Himmel auf, der sich in unermeßnen Räumen über ihn wölbt, weil er es tief und klar in sich fühlt, daß er ein Bürger jenes geistigen Reiches sei, woran wir den Glauben nicht abzulehnen noch aufzugeben vermögen. In dieser Ahnung liegt das Geheimniß des ewigen Fortstrebens nach einem unbekannten Ziele; es ist gleichsam der Hebel unsres Forschens und Sinnens, das zarte Band zwischen Poesie und Wirklichkeit.

Die Moral ist ein ewiger Friedensversuch zwischen unsern persönlichen Anforderungen und den Gesetzen jenes unsichtbaren Reiches; sie war gegen Ende des letzten Jahrhunderts schlaff und knechtisch geworden, als man sie dem schwankenden Calcul einer bloßen Glückseligkeits-Theorie unterwerfen wollte; Kant faßte sie zuerst in ihrer übersinnlichen Bedeutung auf, und wie überstreng er sie auch in seinem kategorischen Imperativ ausprägen wollte, so hat er doch das unsterbliche Verdienst, uns von jener Weichlichkeit, in die wir versunken waren, zurückgebracht zu haben. Der Karakter der Rohheit ist es, nur nach eignen

Gesetzen leben, in fremde Kreise willkürlich übergreifen zu wollen. Darum wird der Staatsverein geschlossen, solcher Rohheit und Willkür abzuhelfen, und alles Recht und alle positiven Gesetze sind wiederum nur ein ewiger Versuch, die Selbsthülfe der Individuen gegen einander abzuwehren.

Wenn man das Treiben und Thun der Menschen seit Jahrtausenden überblickt, so lassen sich einige allgemeine Formeln erkennen, die je und immer eine Zauberkraft über ganze Nationen, wie über die Einzelnen ausgeübt haben, und diese Formeln, ewig wiederkehrend, ewig unter tausend bunten Verbrämungen dieselben, sind die geheimnißvolle Mitgabe einer höhern Macht in's Leben. Wohl übersetzt sich jeder diese Formeln in die ihm eigenthümliche Sprache, paßt sie auf mannichfache Weise seinen beengten individuellen Zuständen an und mischt dadurch oft so viel Unlauteres darunter, daß sie kaum mehr in ihrer ursprünglichen Bedeutung zu erkennen sind. Aber diese Letztere taucht doch immer unversehens wieder auf, bald in diesem, bald in jenem Volke, und der aufmerksame Forscher setzt sich aus solchen Formeln eine Art Alphabet des Weltgeistes zusammen.

Wir lauschten aufmerksam jedem Worte, das dem theuren Munde beredt entquoll, und waren möglichst bemüht, durch Gegenrede und Einwurf immer lebendigere Aeußerungen hervorzulocken. Es war als ob vor Goethe's innerem Auge die großen Umrisse der Weltgeschichte vorübergingen, die sein gewaltiger Geist in ihre einfachsten Elemente aufzulösen bemüht war. Mit jeder neuen Aeußerung nahm sein ganzes Wesen etwas Feierlicheres an, ich möchte sagen, etwas Prophetisches. Dichtung und Wahrheit verschmolzen sich in einander und die höhere Ruhe des Weisen leuchtete aus seinen Zügen. Dabei war er kindlich mild und theilnehmend, weit geduldiger als sonst in Beantwortung unsrer Fragen und Einwürfe, und seine Gedanken schienen wie in einem reinen ungetrübten Aether gleichsam auf und nieder zu wogen.

Doch nur allzurasch entschlüpften so köstliche Stunden. „Laßt mich Kinder, sprach er plötzlich vom Sitze aufstehend, laßt mich einsam zu meinen Steinen dort unten eilen; denn nach solchem Gespräch geziemt dem alten Merlin sich mit den Urelementen wieder zu befreunden." Wir sahen ihm lange und frohbewegt nach, als er in seinen lichtgrauen Mantel gehüllt feierlich in's Thal hinab stieg, bald bei diesem, bald bei jenem Gestein, oder auch bei einzelnen Pflanzen verweilend, und die erstern mit seinem mineralogischen Hammer prüfend. Schon fielen längere Schatten von den Bergen, in denen er uns wie eine geisterhafte Erscheinung allmählich entschwand. Wir aber fuhren unter traulichen Erinnerungsgesprächen durch das blühende Jenaische Thal froh und heiter nach Hause.

B. Den 13. Juli 1818.

Goethe schilderte uns sehr lange Amerika und die dortige Colonisirung, so daß Julie v. Egloffstein nicht übel Lust verspürte, dahin auszuwandern.

B. Den 18. Juli 1818.

Ich war zu Goethe gegangen, um mich von ihm zu verabschieden, da er am nächsten Tage nach Carlsbad reiste. Julie v. Egloffstein brachte Goethe's Gesundheit aus, was diesmal geduldet wurde, obwohl er es nicht leiden mag. [1]

B. Den 1. Februar 1819, Abends.

Goethe sagte, der dritte und vierte Theil des Don Quixote ist zuerst von einem Andern und dann erst später von Cervantes selbst geschrieben. Er hatte den guten Tact gehabt mit jenen zwei Theilen enden zu wollen, denn die wahren Motive sind

[1] Aus dem Tagebuch von 1819, 24 Jan., notiren wir ein Gespräch Falks mit Müller, wonach Falk erzählt, daß Goethe an Wielands Begräbnißtage mit ihm über Seelenwanderung gesprochen habe. Wielands Seele, sagte Goethe, könne wohl einen ganzen Planeten zum Vehikel angeeignet bekommen. Als zufällig ein Hund auf der Straße bellte, rief er in metempsychischem Sinne aus: „Mich kriegst du so weit nicht mehr herunter. 27. Jan. 1819. „Gebet," gebet, gebet zum ersten, zweiten und dritten, rief Goethe bei Besprechung der neuen Finanzeinrichtung aus.

damit erschöpft. So lange sich der Held Illusionen macht, ist er romantisch, sobald er bloß gefoppt und mystificirt wird, hört das wahre Interesse auf.

B.　Den 3. Februar 1819.

Heute wurde bei Goethe Paläophron und Neoterpe aufgeführt. Julie v. Egloffstein war in ihrer Rolle gottesherrlich. Schon um 8 Uhr gingen wir auseinander.

B.　Den 24. Februar 1819.

Ich ging um 8 Uhr zu Goethe. Es wurde aus dem Divan vorgelesen, den Goethe zum Behikel seines politischen Glaubensbekenntnisses und mancher, wie er es nennt, Eselsbohrereien zu brauchen scheint. Unter andern kam das Gespräch auf den Hof Herzog Karls von Würtemberg, dessen geschmackvollem Glanz Goethe, sowie dem Musikdirector Jomelli[1] Lob spendete. Ueber unsern neuen Capellmeister Hummel äußerte Goethe: es sei ihm eben Ernst mit seiner Kunst, wie das sein muß, wenn irgend ein Mensch seine Stelle ausfüllen will.

B.　Den 7. März 1819.

Goethe erzählte mir sehr heiter von dem Entstehen des Klosters im Park (30. Januar 1777)[2] und von dem abendlichen Fischerspiel in Tiefurth.

B.　Den 18. März 1819.

Heute Abend traf ich bei Goethe den Präsidenten Nees v. Esenbeck aus Bonn, einen kleinen und hagern, muntern und ansprechenden Mann, der von dem Dünkel der modernen Naturforscher ganz frei schien. Goethe's verbindliches und freundliches Wesen gegen ihn war höchst behaglich. Er las ihm und uns aus dem persischen Buche Canuts Unterricht an seinen Sohn

---

[1] Ueber Nicolo Jomelli, vergl. deutsche Musen 1776 S. 464.

[2] 9. Juli 1778. Schöll verwirft 1777 als unrichtiges Datum.

vor, wie man sich als Regent und Particulier in allen Lebens-
verhältnissen zu betragen habe.

B.   Den 21. März 1819.

Ich war nur kurz bei Goethen, um ihn zur Antwort an
den theuern Kranken [1] zu mahnen.

B.   Den 26. März 1819.

In aller Frühe war das Begräbniß Voigts, an dessen
Grabe Günther sprach. Als ich Abends bei ihm war, traf die
Nachricht von Kotzebue's Ermordung ein.

B.   Den 28. März 1819.

Goethe war besonders liebenswürdig. Er sprach von Ham-
mers Assassinengeschichte, über den Unterschied zwischen Chronik
und Memoiren, und betonte den Mangel des Gefühls vom Werthe
der Gegenwart, die Jedes nur los zu werden trachte, um darüber
hinaus zu kommen, das sei die Ursache, daß man jetzt so wenig
aufzeichne. Dann sprach er von der Religion. Zuversicht und
Ergebung sind die ächten Grundlagen jeder bessern Religion,
und die Unterordnung unter einen höheren, die Ereignisse ordnen-
den Willen, den wir nicht begreifen, eben weil er höher als
unsere Vernunft und unser Verstand ist. Der Islam und die
reformirte Religion sind sich hierin am ähnlichsten. Alle Gesetze
und Sittenregeln lassen sich auf eine zurückführen, auf die
Wahrheit. Fehler der Individualität als solcher gäbe die
moralische Weltordnung Jedem zu und nach; darüber möge Jeder
mit sich selbst fertig werden und bestrafe sich auch selbst dafür;
aber wo man über die Grenzen der Individualität herausgreife,
frevelnd, störend, unwahr, da verhänge die Nemesis früh oder
spät angemessene Strafe. So sei in Kotzebue's Tod eine gewisse
nothwendige Folge einer höhern Weltordnung erkennbar.

[1] Der geh. Rath und Minister Voigt † 22. März 1819. S. D.
Jahn: Goethe's Briefe an Voigt (Leipzig 1868) S. 414.

B. Den 30. März 1819.

Abends war ich bei Goethe, der sehr ernst war und fast bloß von dem leidigen Zustande der Jenaischen Dinge[1] sprach. Man müßte jetzt nur von einem Tag zum andern leben; Niemand sei der Sache mehr gewachsen.

B. Den 19. April 1819.

Jedes Ding, sprach Goethe, jede Beschäftigung verlangt eine eigene Form, eine Formel, die, das Unwesentliche ausschließend, den Hauptbegriff scharf umgränzt. Viele empfänden das Richtige, möchten es gern darstellen; könnten aber nicht zur passenden Form gelangen.

Wie anmuthig scherzte der herrliche Mann mit Ulrike, der er gewisser technischer oder Coterie-Wörter Bedeutung anschaulich machen wollte, z. B. Kategorien, caput mortuum. Sie müsse dergleichen verstehen, aber nie selbst aussprechen.

Dann theilte er Anekdoten von seinem frühern Leben in Ilmenau mit; erzählte von den tollen Späßen mit dem Glasmann Glaser, der durch alle vier Elemente von Goethen geängstigt und für sein Handbieten zu vorheriger nächtlicher Perturbation bestraft wird. Er erzählte von Einsiedels gottlosem Wegziehen des Tischtuches mit allen Abendspeisen und seiner Flucht. Aber sobald die Sonne kam, war Gottesfriede; Niemand durfte sich mehr am Andern rächen. Er erinnerte an v. Seebachs Wort beim Plumpsackspiel zu Wilhelmsthal: Schlagt doch zu, so gut wird es Euch nicht leicht wieder, Euern Fürsten und Herrn prügeln zu dürfen, fand er ganz sublim und grandios. Damals ritt letzterer täglich ein rasches bequemes Pferd, Poesie genannt. O, es waren nicht schlechte Zeiten, rief er wehmüthig aus. Dann kam ein bitteres Urtheil über den Stand des Weimarischen Theaters. Als einst die Göchhausen Graff ungerecht getadelt, habe er ihr gesagt: Fräulein, Sie werden lange faulen, wenn Graff noch der Stolz unserer Bühne sein wird.

---

[1] In Folge der Ermordung Kotzebue's.

B. Den 24. April 1819.

Heute war große Abendgesellschaft bei Goethe, die Gräfin Henckel, Line (v. Egloffstein), Adele (Schopenhauer), Coudray und Tieck waren anwesend. Goethe sprach über die Eigenthümlichkeit der deutschen Sprüchwörter bei den verschiedenen Nationen; die griechischen gingen alle aus unmittelbarster, speciellster Anschauung hervor, z. B. der Storch[1] im Hanse; die deutschen seien stets derb, tüchtig, sittlich, bezeichnend.

Dann sprach er über die Kunst zu sehen. Man erblickt nur, was man schon weiß und versteht. Oft sieht man lange Jahre nicht, was reifere Kenntniß und Bildung an dem täglich vor uns liegenden Gegenstande erst gewähren läßt. Nur eine papierne Scheidewand trennt uns öfters von unsern wichtigsten Zielen, wir dürften sie keck einstoßen und es wäre geschehen. Die Erziehung ist nichts anders als die Kunst zu lehren, wie man über eingebildete oder doch leicht besiegbare Schwierigkeiten hinauskommt.

B. Den 25. April 1819.

Abends war ich mit Julie v. Egloffstein bei Goethe, der ihr Talent mit Rouz[2] verglich, welcher aus den Landschaften nie ein Bild habe machen können. Sehr schön war seine Erzählung, wie er einst auf bestem Wege gewesen sei sich in Fräulein v. Mellish zu verlieben. Nachdem er der kühnlich von Julie mit der Oelmalerei eingegangenen Ehe Lob gespendet, erzählte er uns von seinen Schweizer Reisen, von dem Berner Arzt Schuppmüller,[3] glaube ich, der mit seinem hellen, scharfen Auge den Leuten jede Krankheit angesehen, gleichsam in Lunge und Leber hineingeguckt habe. Auch sprach er von seinem einstigen Vorhaben, in Italien für immer zu bleiben und das Leben in Rom Tag für Tag in großen Gemälden zu schil-

---

1 [???] Ungenau. Das Alterthum kennt dieses Sprichwort vom Storche nicht.

2 Jakob Rouz, Maler in Jena.

3 Jedenfalls Michel Schuppach, † c. 67 Jahr alt 1780. S. J. G. Hoff: kurze Biographien I. 369.

dern. „Die Natur ist eine Gans, man muß sie erst zu etwas machen." Bekenne Dich nur, sagte er zu Julie, für einen armen Hund und stehle, wo Du kannst, aus fremden Bildern, selbst vom Altare. Julie gestützt auf den einen Arm, war ganz Auge und Ohr für Goethe, ihr Auge schwamm im innigsten Behagen und wendete sich dann freundlich zu mir, gleichsam fragend, ob ich auch Alles recht mit fühle. Es war ein himmlischer Abend.

B. Den 28. April 1819.

Abends war große Gesellschaft bei Goethe. Er erzählte der Line v. Egloffstein, wie er nur noch bei Gewährung seltner, sittlicher oder ästhetischer Trefflichkeit weinen könne, nie mehr aus Mitleid oder aus eigner Noth.[1]

B. Den 6. Mai 1819.

Ich war noch spät bei Goethe, dem ich sein Anliegen wegen der Münzcabinetsschlüssel erledigte und der sehr heiter und interessant war. Er fürchte sich nicht vor der Arbeit des Ordnens im Münzcabinet, man müsse nur in Alles Methode bringen und die Sachen nicht zu transscendent nehmen. Bei allen Geschichten ist die Form der Behandlung die Hauptsache. Hierauf sprach er von den Fortschritten der Osteologie und vergleichenden Anatomie in Jena, welche bald die menschliche Anatomie fast entbehrlich machen werde. Er halte die verschiedenen Museen klüglich auseinander; nach seinem Tode werde man wahrscheinlich durch Vereinigung derselben Alles verderben und eine Art Akademie bilden, wo dann gleich alles Dumme und Absurde her vortrete.

B. Den 10. Mai 1819.

Bei Goethe, der sehr heiter war, traf ich einen interessanten jungen Amerikaner aus Boston, Namens Boxwell, der schon drei

[1] Den 2. Mai war Müller mit Hugo (Gustav Hugo, Prof. d. Rechte) aus Göttingen bei Goethe.

Jahre in Europa umhergereist war. Die Unterhaltung drehte sich lange um Lord Byron, den Goethe für den einzigen großen Dichter jetziger Zeit erklärte. Wären wir zwanzig Jahre jünger, sprach Goethe zu Meyer, so segelten wir noch nach Nordamerika. Und wenn's dreißig Jahre wären, so könnte es auch nichts schaden, sagte dieser trocken.

B. Den 12. Mai 1819.

Bei Goethe war es heute munterer als gewöhnlich. Er erzählte von dem Venetianer Schauspieler, der die Bösewichte so trefflich spielte, daß Niemand mit ihm umgehen wollte und das Publicum einst, als er erstochen werden sollte, rief: tira, tira. Juliens Oelbild lobte Goethe sehr. [1]

B. Den 7. Juni 1819.

Heute Abend war ich bei Goethe, der sich in den Finger schnitt und ihn bloß fest zuband, um ihn prima intentione zu heilen. Goethe kam hierauf auf Jenas Universitätsverhältnisse zu sprechen und gestand zu, daß Voigts Schwäche gegen Eichstädt großen Theils den Ruin von Jena herbeigeführt habe. Man muß stets die Gunst vertheilen, sagte er, sonst windet man das Ruder sich selbst aus der Hand. Er führte dabei an, er habe 22 Jahre lang dem Theater vorgestanden, ohne sich eine Schwäche gegen eine Actrise zu verstatten, deren mehrere, besonders Euphrosyne und die Wolf, es ihm doch sehr nahe gelegt. Wer aber die Lust des Herrschens ein Mal empfunden, dürfe nicht leichtsinnig den Stützpunkt durch Favoritschaften aufgeben. Auf Jena zurückkommend, spendete er Renner und Döbereiner großes Lob.

[1] Zum 17. Mai notirt v. Müller: Abends bei Goethe. Döbereiners Lehrbuch der Chemie und durchgeführte Wahlverwandtschaftslehre. Schönes niederländisches Bild von Seghers.

B. Den 14. Juni 1819. [1]

Abends war ich mit Meyer bei Goethe. Er war sehr gesprächig und mittheilend. Die wunderliche Kephalideische [2] Biographie, Friedr. Heinrich Jacobi's Leichenrede [3] gaben Stoff zur
Unterhaltung. Jacobi's Schriften, sagte Goethe, sind nichts für
mich; ich kann mich wohl in entgegengesetzte Systeme hinein
denken, aber nicht in halb zu, halb abfällige, dunkelnde, nebelnde.
Dagegen lobte er Jacobi's persönliche Liebenswürdigkeit, Anmuth,
Offenheit.

Von Raupachs Lorenz und Cäcilie urtheilte er ungünstig;
es sei Talent und Ahndung des Rechten vorhanden, auch einzelne Schönheiten; aber durchaus nichts Rechtes, nichts Halt-
bares, nichts Darstellbares im Ganzen. Die Fabel des Stücks
schien ihm zu unbedeutend. Von Müllners Albaneserin urtheilte
er in so fern besser, als dieses Stück auf den Brettern Effect
machen werde, weil es mit Kunst zusammengesetzt sei, wie wohl
verflochten und wunderlich genug.

B. Den 16. Juni 1819.

Ich eilte in meiner Mißstimmung zu Goethe, wo unter
andern auch Frau v. Stein und v. Schiller waren. Anfangs
schien Goethe taciturn und marode. Aber bald gelang es mir
Leben zu erwecken. Ich erzählte von Voigts Vorlesung über
Ludwig von Thüringen. [4] Bei Erwähnung einiger Thorheiten
verschiedener Persönlichkeiten machte Goethe die Bemerkung, es

[1] Steht bei Müller unter d. 15., weil die Niederschrift vom 15.

[2] Aug. Guil. Kephalides, Reise durch Italien und Sicilien, Leipzig
1818 2. B.

[3] Vergl. Fr. H. Jacobi nach seinem Leben und Wirken. Bei der
akademischen Feier seines Andenkens am 1. Mai 1819 dargestellt von
Schlichtegroll, Weller und Thiersch, München 1819. Danach gibt es verschiedene Leichenreden: vom Oberconsistorialrath Stiller am 12/3. 1819, vom
Professor Kopp. (Münchener Zeitschrift Eos.)

[4] Diese Vorlesung im Msc. im Großh. Hausarchive zu Weimar.

gäbe gemauerte [1] Thorheiten, flüssige Thorheiten und unscheinbare Thorheiten; erstere fielen am meisten ins Auge.

Die Okeniade gab reichen Stoff. Wir scherzten über das, was die Studiosen am 18. Juni vornehmen könnten. Als Alle hinweg waren, scherzte Goethe noch lange darüber; das Schlimmste sei, wenn man sich zu Extremen zwingen lasse. Man müsse das Extrem auch extrem behandeln, frei, grandios, imposant. Man hätte Oken das Gehalt lassen, aber ihn exiliren sollen. [2]

B. Den 9. August 1819.

Von 4—6 Uhr war ich mit Julie v. Egloffstein bei Goethe. Er zeigte mir das Portefeuille der Harzzeichnungen von Kraus. Julie erhielt Wiener Kreide von ihm zum Geschenk. Goethe entschuldigte sich, daß er mir das Münster'sche Pereat nicht erzählt habe: seine Maxime sei nicht zu hetzen, wo es doch zu nichts helfe. Vergebens erwartete ich seine Aufforderung Abends zu bleiben. [3]

B. Den 31. October 1819.

Bei Besprechung der politischen Ereignisse erinnerte Goethe: Die Mächte hätten in Kohlen geschlagen, die nun an Orte hingesprungen, wo man sie nicht haben wollte. [4]

[1] Jedenfalls bezieht sich das auf die Baulust einiger weimarischen Persönlichkeiten und die nicht vortheilhaft sich auszeichnenden weimarischen Gebäude.

[2] Müllers Reise nach Marienwerder verursacht Lücken in den Aufzeichnungen.

[3] Die nächsten Bemerkungen Müllers 29. Sept.: Mit Rehbein nach Jena zu Goethe. Hochgenuß bei ihm. Sein Dankgedicht an uns. Den 5. Oct.: Mit Ulrike bei Goethe in Jena. Herrliche Gedichte aus der Morphologie. K. mit zurück. Den 14. Oct.: Fahrt mit Line und Ottilie nach Jena zu Goethe. Interessante Erzählung von Goethens Mutter. Abendgespräch mit Goethe von der Conception kolossaler Statuen. Thee bei Knebel.

[4] Den 29. Dec. 1819. Erster Besuch bei Goethe seit seiner Krankheit.

B. Den 8. Februar 1820.

Nachmittag bei Goethe, der feierlicher als sonst gestimmt
schien. Ein Theater, sagte er unter andern, müsse man nur mit
Folge besuchen und beurtheilen.

B. Den 25. Februar 1820.

Ich war mit Schweitzer, Frommann, Julie und Lina v.
Egloffstein bei Goethe. Er zeigte mir eine silberne Taufschüssel
von Friedrich dem Rothbart und kam dann auf Byron zu sprechen, gegen den er sich vielleicht in einem halben Jahre erklären
werde, übrigens Vampyr als Byrons bestes Product erklärte.
Er erzählte uns auch aus der Zeit seiner Theaterregentschaft; es
sei eine Art Zigeunerwirthschaft und müsse als solche extra-
ordinario modo gehandhabt werden. Schröder habe immer nur
die gewöhnlichen Lebensregeln darauf anwenden wollen.

Montags, 15. Januar 1821.

Abends nach 8 Uhr zu ihm gegangen und bis nach 10 Uhr
geblieben.

Ich erwähnte Schubarths schöner Aeußerungen über
das ideale Maaß jeder menschlichen Anlage, gelegentlich seines
Aufsatzes über Faust;[1] Goethe nahm Gelegenheit mir dessen
letzten Brief zu zeigen, — wie ungern ich auch — setzte er hinzu
— Briefe vorzeige.

Schubarth klagt in diesem Briefe, daß der jetzige Zeitpunkt
so ungünstig für eine freie wissenschaftliche Ausbildung sei; es

---

[1] Vergl. Schubarth's Vorlesungen über Faust, Berlin 1830. Hier
aber kann nur die Rede sein von: zur Beurtheilung Goethe's mit Beziehung auf verwandte Kunst und Literatur, 2 Bände 1820 und zwar
Band I. pag. 13—25: Ueber Werthers Leiden, Wilhelm Meisters Lehr-
jahre, Faust, die Wahlverwandtschaften, Pandora und Tasso. Band I.
36—43: Ueber Mephistopheles. Band II. pag. 9—47. Nachträge über
Goethe's Faust. Band II. pag. 491—503. Gegenstände, welche die Darstellung im Faust bedingen.

lohne fast nur, sich zum Parlaments-Redner oder Advocaten zu bilden, da alles Interesse sich fast ausschließlich auf Schlichtung der verworrenen öffentlichen und Privatverhältnisse beziehe. Unglaublich ist, wie sehr Schubarth sich Goethe's Briefstyl angebildet, Alles besonnen, mäßig, sinnvoll, aber für solche Jugend fast zu altklug und ruhig.

Eben kamen eine Menge Briefe an ihn von der Post an. Er theilte mir die neue Berliner Monatsschrift mit, worin ein fingirter von Madame Laura Förster abgefaßter Bericht an Goethe über die Berliner Kunstausstellung befindlich.[1] Dann zeigte er mir sein Tagebuch, in Folio zu halben Stand geschrieben, wo am Rande jeder abgegangene Brief genau bemerkt ist. Auf gleich großen Bögen bemerkt er täglich am Morgen die „Agenda" nur mit einem Wort für jedes Vorhaben und durchstreicht es jedesmal nach geschehener Erledigung. Selbst die Zeitungen, die er liest, werden actenmäßig geheftet. Bei den Bibliotheken hier und zu Jena muß ihm jeder Angestellte ein sauber geschriebenes Tagebuch halten, worin Witterung, Besuche, Eingänge und Vorgänge jeder Art, sowie das jeden Tag Gearbeitete aufgezeichnet werden müssen. „So, sprach er, wird den Leuten erst lieb was sie treiben, wenn sie es stets mit einer gewissen Wichtigkeit anzusehen gewohnt werden, stets in gespannter Aufmerksamkeit auch auf das Kleinste bleiben."

Montag, 22. Januar 1821.

Als ich eintrat, heftete Goethe eben Correcturbögen zusammen. „Doch nicht von Meisters Wanderjahren? sagte ich, aufgeregt durch einen Artikel der Frankfurter Zeitung."[2] Und warum nicht? erwiederte Goethe, und so kam ich bald darüber zur Gewißheit, ohne meine Zweifel zu verrathen. Dieß gab zu näherem Gespräch über Wilhelm Meister Anlaß, den Goethe jetzt nach langen, langen Jahren erst mit Uebersprung des ersten Theils wieder gelesen. Schon vor seiner italienischen Reise sei er größtentheils fertig gewesen. Es mache ihm Freude und Be-

[1] Jahrg. 1821 pag. 33.
[2] War mir unzugänglich.

ruhigung zu finden, daß der ganze Roman durchaus symbolisch
sei, daß hinter den vorgeschobenen Personen durchaus etwas
Allgemeines, Höheres verborgen liege. Lange sei das Buch
mißverstanden worden, sogar anstößig gewesen.   Die guten
Deutschen, äußerte er, brauchen immer gehörige Zeit, bis sie ein
vom Gewöhnlichen abweichendes Werk verdaut, sich zurecht ge-
schoben, genüglich reflectirt hätten.   Erst in ihren Unglückstagen
zu Memel hat die mir früher nicht sonderlich wohlwollende Königin Louise von Preußen den W. Meister liebgewonnen und
immer wieder gelesen.   Sie mochte wohl finden, daß er tief
genug in der Brust und gerade da anklopfte, wo der wahre
menschliche Schmerz und die wahre Lust, wo eigentliches Leid und
Freude wohnen.   Noch ohnlängst hat mir die Herzogin von
Cumberland versichert, daß die Königin durch die Thränen, die
sie über jene Stelle in Mignon's Lied:

> „Wer nie sein Brod mit Thränen aß,
> Wer nie die kummervollen Nächte
> Auf seinem Bette weinend saß,
> Der kennt Euch nicht, ihr himmlischen Mächte."

vergoß, sich ungemein erleichtert gefunden habe.   Bei jetziger
Wiederlesung meines Romans hätte ich fast zu mir selbst —
wie einst zu Ariosto der Cardinal von Este — sagen mögen:
Meister Ludwig, wo Henker, habt Ihr all' das tolle Zeug hergenommen? „Der Meister belegt, in welcher entsetzlichen Ein-
samkeit er verfaßt worden, bei meinem stets auf's allgemeinste
gerichteten Streben.   Wilhelm ist freilich ein „armer Hund,"
aber nur an solchen lassen sich das Wechselspiel des Lebens und
die tausend verschiedenen Lebensaufgaben recht deutlich zeigen,
nicht an schon abgeschlossenen festen Karakteren."

Goethe war sehr unzufrieden, daß ich nicht Tags vorher an
Riedels [1] Grab gesprochen; ich hätte alles Bedenken beseitigen,
noch im letzten Augenblicke mich zum Improvisiren entschließen,
den Mantel wie eine Verhüllung abwerfen und frei und ergreifend vortreten und sprechen müssen; da würden leicht unvertilg-

---

[1] Geh. Kammer-Rath in Weimar: Cornel. Joh. Rudolph.

bare Eindrücke hervorzurufen gewesen sein. „Doch sagte er, man muß auch regrets im Leben haben."

Von den vielfältigen auswärtigen Mittheilungen, die er täglich erhalte, äußerte er: Ja, es leben gar viele feine, tüchtige und Treffliches erstrebende Menschen in Deutschland umher, die so Manches, was ich früher nur angedeutet, verarbeitet und weiter gefördert haben, wenn gleich in ihrem, wenn gleich oft in ganz anderem Sinn. Man erkennt dann oft den eignen Samen kaum wieder, aber was gut daran war, wuchert fort und bricht sich Bahn durch alle Hemmungen.

Freitags, den 9. Februar 1821.

Nachdem im Stadthaus diesen Abend ein Tausendkünstler seinen Hocuspocus uns mit bewundernswürdiger Zierlichkeit und Geschicklichkeit vorgemacht, besuchte ich Goethen und traf den alten Meyer bei ihm an. Die Erzählung des eben Gesehenen machte ihm Freude.

„Um das Unmögliche bis auf einen gewissen Grad möglich zu machen, sagte er, muß sich der Mensch nur keck mit rastlosem Streben an das scheinbar Unmögliche machen. Sah ich doch voriges Jahr in Dornburg einen Indianer sich einen Ellen langen Degen in den Schlund hinein stecken, wozu mehrjähriges tägliches Fortprobiren ihn geführt hatte."

Er zeigte mir einen herrlichen Kupferstich von Martin Lunghi, eben aus Mailand gekommen, die Hochzeit der Maria von Rafael vorstellend. Das Bild hängt in der Brera zu Mailand, in Oel gemalt und ist aus Rafaels mittlerer Periode, schon in Verwandtschaft mit der Schule zu Athen. Darauf ward von den Tableaux aus Faust erzählt, die eine hiesige Gesellschaft unter Lieber's, Holdermann's und Schwerdgeburth's Direction dermalen von Zeit zu Zeit im Alexanderhof [1] darstelle.

Das Gespräch lenkte sich auf des preußischen Justizministers Kircheisen [2] Jubelfest und auf die zu Ehren desselben geschla-

---

[1] Jetzt „Russischer Hof."

[2] Fr. L. v. Kircheisen, geb. zu Berlin 28. Juni 1749, geadelt 1789, Justizminister seit 1810, gest. 18. März 1825 in Berlin.

gene Medaille.   Goethe erzählte, wie er Kircheisen vor mehr als
20 Jahren einst in Karlsbad als liebenswürdigen Gesellschafter
kennen gelernt, und wie er ihm so klar als tüchtig, so wohlwollend als heiter, fast sanguinisch erschienen sei. Eine schöne, mun-
tere Polin, setzte er hinzu, zog mich damals gewaltig an, so
daß meine Freunde, und darunter auch Kircheisen, um meiner
froh zu werden, sich genöthigt sahen, sie auch in ihre Kreise zu
ziehen. Bei ihrer Ankunft mit mehreren Landsmänninen blieb
sie von der Menge ganz unbemerkt, fast wie ein Aschenbrödel;
ich entdeckte sie und ihren vorzüglichen Werth gar bald, und
suchte sie wie eine Kastanie aus der Asche hervor. Wir wurden
uns lieber und lieber; es war ein allerliebster sarmatischer Hans-
wurst, voll Verstand, Laune, Frohsinn. Als aber eine gewisse
polnische Fürstin anlangte, sagte sie mir plötzlich: Nun muß ich
mich der Verhältnisse wegen ganz zu dieser halten, und wir werden uns wohl nicht mehr allein sehen und sprechen dürfen. „Das
soll ganz von Ihnen abhängen, erwiederte ich. Darauf ist sie mir
denn auch in der That nur noch in größern Cirkeln und zwar
gegen ihre bisherige Art, immer höchst prächtig geschmückt, sichtbar worden, und wir haben nie mehr Worte gewechselt."

Ich ging gegen 10 Uhr mit Meyer weg, obgleich Goethe
mich durchaus halten wollte und dringend ein „Minimum von
Jenaischem Zwieback" zu genießen anbot. Aber ich war müde
und von katarrhalischem Zustand geplagt, dem die gewaltige Hitze
in Goethes kleinem Zimmer schlecht zusagte.

„So werde ich mich denn einsam mit der Mitternacht befreunden müssen," sagte er zum Abschied, und es that mir in
der That weh, ihn zu verlassen.

Dienstags, den 20. Februar 1821.

Abends nach 8 Uhr traf ich Coudray bei Goethe. Das Ge-
spräch kam von dem für morgen angekündeten Trauerspiel
„Cäsars Tod" auf die Erfurter Periode im Jahre 1808, die
Goethe sehr lebhaft schildern half.

Nach Coudray's Weggang sprachen wir von Knebels Lucrez, [1] und Goethe erzählte, wie er, um ihn von der vorgehabten pole= misirenden Vorrede abzubringen, brieflich die unverfänglichen Ge= sichtspunkte aufgestellt habe, um Knebeln dabei fest zu halten und ihn productiv und positiv zu machen, wie jedoch jener gleich in der ersten Antwort abgesprungen und sich keineswegs mit Heiterkeit der Aufforderung gefügt habe, daher am Gelingen der= selben fast zu zweifeln sei.

Auf die religiösen Ansichten des Lucrez dürfe man sich nämlich gar nicht einlassen; seine Natur=Anschauung da= gegen sei grandios, geistreich, erhaben; diese sei zu preisen —; wie er hingegen über die letzten Gründe der Dinge gedacht, gleich= gültig. Es habe schon damals eine gewaltige Furcht vor dem Zustande nach dem Tode in den Köpfen der Menschen gespukt, ähnlich dem Fegfeuer=Glauben bigotter Katholiken; Lucrez sei dadurch ergrimmt, in das Extrem verfallen, von dieser Furcht durch seine Vernichtungslehre mit einem Male heilen zu wollen. Man spüre durch das ganze Lehrgedicht einen finstern, ingrim= mischen Geist wandeln, der sich durchaus über die Erbärmlichkeit seiner Zeitgenossen erheben wolle. So sei es immer gewesen, auch bei Spinoza und andern Ketzern. Wären die Menschen en masse nicht so erbärmlich, so hätten die Philosophen nicht nöthig, im Gegensatz so absurd zu sein! Lucrez komme ihm in seinen abstrusen Lehrsätzen immer wie Friedrich II. vor, als dieser in der Schlacht von Coßlin seinen Grenadieren, die eine Batterie zu attaquiren zauderten, zurief: Ihr Hunde, wollt Ihr denn ewig leben?

B. Ich pries den Zufall, der ihn zum Briefwechsel über diese Vorrede verleitet habe. Da antwortete er, was thut man denn Bedeutendes, ohne durch einzelnen Anlaß aufgeregt zu sein? Die Gelegenheiten sind die wahren Musen, sie rütteln uns auf aus Träumereien und man muß es ihnen durchaus danken.

[1] Goethe's Werke XXIII. p. 309: „Knebels Lucrez nöthigte zu weitern Betrachtungen und Studien in demselben Felde an."

Vergl. Goethe=Knebels Briefwechsel, Brief an Knebel vom 14. Fe= bruar 1821. Für den weitern Verlauf vergl. d. N. 564—78, 660, 661, 668, 669.

Knebel habe leider keine Collectionen über Lucrez, keine Acten, darum werde es ihm schwer, jetzt productiv und positiv zu sein. Da habe ich ganz anders gesammelt, Stöße von Excerpten und Notizen über jeden Lieblingsgegenstand.

Am 18. Mai 1821.   Abends von 7—9 Uhr.

Ich traf Riemern bei Goethe an, im vordern Gemach Kupferstich-Mappen aufgeschlagen.

Die neue weimarische Pinakothek[1] gab zuerst Unterhaltungsstoff. Der Maler Caspar von Crayer, gemalt von van Dyck, wie er die Laute mit höchster Anmuth, und doch mit Würde und Ernst im Blicke spielt, ist eins der schönsten Steinbilder.[2] Wir kamen auf des Raths Kraus Harzgegenden. Er that alles mit Liebe, was er that, sagte Goethe, war anschmiegsam, feinsinnig wie keiner. Damals bei jenem Streifzug in die Harzgebirge holte ich einst, auf von Trebra's Schultern gestiegen, ein merkwürdig Mineral mit vieler Gefahr von seiner Bildungsstätte, vom Felsen, herab; „wir müssen erst noch berühmt werden, ehe wir den Hals brechen, darum hat es jetzt keine Gefahr,“ sagte ich scherzend zu Trebra.

Ich besitze noch eine kleine polirte Marmorplatte aus jenen Gegenden mit der von Trebra aufgesetzten Inschrift jener Worte.

Ja, wenn man in der Jugend nicht tolle Streiche machte, und mitunter einen Buckel voll Schläge mit wegnähme, was wollte man denn im Alter für Betrachtungsstoff haben?

Die Sammlung von Caricaturen auf Napoleon zu sehen, lehnte er ab, „ich darf mir dergleichen, mir widrige Eindrücke, nicht erlauben, denn in meinem Alter stellt sich das Gemüth, wenn es angegriffen wird, nicht so schnell wieder her, wie bei Euch Jüngern. Ich muß daher mich nur mit ruhigen, gründlichen Eindrücken umgeben.“

---

[1] Goethe XXIII. 313.

[2] Steinbilder (weil H. Müller dieses u. a. Stücke der weimarischen Sammlung lithographirte; das van Dyck'sche Original ist eine Oelskizze auf Papier; s. Katalog des Gr. Museums, Weimar 1869 S. 54.)

Darauf kamen wir auf seinen Berliner Prolog, den er mir jedoch wegen Mangels an reinlicher Abschrift nicht zeigen wollte, und auf die Unart eines Prager [1] Naturforschers Purkinje, der Goethe's Farbenlehre predigt, ohne ihn nur zu citiren, so daß Goethe sich jetzt in der Morphologie [2] den Spaß macht, sich selbst bei Kritik jenes Werks zu allegiren. „Man muß gar nicht leben, sich nicht mittheilen wollen, wenn man sich solche Plagiate nicht ruhig gefallen lassen will.

Der größte Virtuos im Aneignen fremder Federn war Bertuch, der sogar den armen Batsch, als dieser ein neues System der Naturgeschichte schrieb, zwang sich gefallen zu lassen, daß Bertuch ankündigte, da er selbst nicht Zeit habe, werde Batsch seine (Bertuchs) Ideen dem Publicum vorlegen. Dafür aber hat die Nemesis ihn auch gestraft, daß jenes Unternehmen, wegen Mangels aller Methode mißlungen, und ihm ein baarer Schade von mehreren tausend Thalern geworden ist.

Freitags, 8. Juni 1821.

Ich traf ihn gegen 6 Uhr Abends ganz allein und gerieth, als ich ihm des edlen, verstorbenen Senators Merkel in Nürnberg Lebensabriß von Roth [3] in München mittheilte und einige Stellen daraus zur Empfehlung vorlas, alsobald in argen und mißlichen Streit mit ihm.

Der Verfasser hatte nämlich bei Erwähnung von Merkels heterodoxem Freunde Cnopf, geoffenbarte und natürliche Religion in schroffen Gegensatz gestellt, was Goethe zum allerhöchsten mißbilligte. „Hier sieht man den Schelm, der nicht ehrlich herausgeht mit der wahren Farbe, rief er aus; das sind die verdammten Rednerkünste, die Alles bemänteln, über Alles hin=

---

[1] Joh. Evang. Purkinje, 1821 in Prag Assistent der Anatomie und Physiologie, wird 1823 nach Breslau berufen. S. Wagners Staats= und Gesellschaftslexicon XVI. 455.

[2] In der Gesammtausgabe Goethe's ist diese Kritik in der Morphologie nicht zu finden.

[3] Friedrich Roth in E. L. Roth kleinen Schriften II. 271. Paul Wolfg. Merkels Lebensabriß.

gleiten wollen, ohne das Rechte und Wahre herauszusprechen.
Was hat denn der christlichen Religion den Sieg über alle
andern verschafft, wodurch ist sie die Herrin der Welt geworden
und verdient es zu sein, als weil sie die Wahrheiten der natürlichen Religion in sich aufgenommen? Wo ist denn da der Gegensatz? Die Grenzen fließen ja in einander.“

Nun analysirte er Roth's ganze Phrase, ihre Halbheit und
Unrichtigkeit bitter rügend, und ließ mich gewaltig bereuen, gerade diese Stelle hervorgehoben zu haben, was auch eigentlich
gar nicht in meiner Absicht gelegen hatte, da ich nur eine andere weit treffendere nicht gleich finden konnte.

Das Gespräch ging auf Röhr und den Rationalismus über.
Goethe tadelte heftig, daß das Publicum an den sentimentalen
Faseleien eines Schulze, an der Nullität eines .... weit mehr
Geschmack finde, als an Röhr's klarer Gediegenheit und aufge-
klärter Consequenz. Das hänge aber mit der Sinnlichkeit, die
jeder geschmeichelt verlange, zusammen. Vernünftig sein und
blos vernünftig handeln aber wolle Niemand. Als ich beklagte,
daß Röhr nicht eine kleine Dosis Phantasie mehr habe, und das
Gemüth mehr anspreche, behauptete er heftig, dieses sei mit Röhr's
streng abgeschlossener Individualität unvereinbar, und wenn man
ihm nur einen Tropfen Phantasie, wie aus dem Wunderfläschchen
des heiligen Remigius, womit Frankreichs Könige gesalbt würden, auf's Haupt träufeln könnte, so würde er eben ein ganz
anderer Mann sein. Wie sich einmal der geistige Organismus
des Menschen gebildet, darüber könne er nicht hinaus; die
Natur schaffe nichts Ganzes in den Individuen, während der
Karakter der Gattung freilich ein Ganzes sei, und man die
verschiedenen menschlichen Eigenschaften eigentlich nicht zersplit-
tert denken dürfe. Die Brünette könne nun einmal nicht zugleich blond sein, weil es sonst kein Individuum wäre. Alle
Geistliche, die nicht wahre Rationalisten seien, betrügen sich selbst
oder Andere. Das Wort „Betrug“ wollte ich nicht zugestehen;
er gab es endlich preis, ohne jedoch den Sinn desselben aufzugeben, und ich fühlte abermals, wie schwer es halte, mit ihm
bei der Schärfe und vollendeten Klarheit aller seiner Begriffe
und Redewendungen zu disputiren.

Er zeigte mir hierauf illuminirte Bilder von cölnischen ge=
malten Fenstern in der Kirche des heiligen Humbert, wir kamen
aber bald wieder auf philosophische Gegenstände, auf die schöne
Zeit der Herzogin Mutter und auf sein Verhältniß zu Wieland
und Herder zu sprechen.

Ueber die Ursachen seiner Spannung mit Herdern, den er
drei Jahre lang in der letzten Zeit nicht sah, theilte er Vertrau=
lichstes mit, unter feierlichstem Handschlag. [1]

In Jena trafen sie sich dann einmal wieder. Goethe be=
suchte Herdern zuerst. Sie sprachen lange und doch — setzte er
hinzu — getraue ich mir den Ausgang dieses Gesprächs nicht
zu offenbaren. Herdern selbst muß man Vieles wegen seiner
steten Kränklichkeit zu Gute halten; leider hatte er die Reizbar=
keit und Bitterkeit im Urtheil, die ihm von Jugend auf ange=
klebt, in's Alter hinüber getragen. Aber Unarten, die in der
Jugend so gar interessant und am Manne noch erträglich sind,
werden ganz unleidlich, wenn man sie in's Alter hinüber nimmt.
Je mehr man Herdern geliebt, je mehr habe man sich von ihm
entfernt, entfernt halten müssen, um ihn nicht todt zu schlagen.

Wieland's Unarten sind ganz anders und oft wahrhaft lie=
benswürdig gewesen. Einsiedel, den zuweilen auch ein gran=
dioser Sinn angewandelt, habe einst, als ich mich über Wie=
lands unleidliche Willkür im Urtheil beklagte, ein trefflich Wort
gesprochen. Wenn man Wieland selten sieht, sagte er, muß man
sich über ihn ärgern, sieht man ihn täglich, so findet man erst
Harmonie in seinem Wesen und erstaunt über den Umfang dessen,
was man von ihm Treffliches hört und lernt. Böttiger war
eigentlich der böse Dämon unter jenen Männern, der alles Un=
heil anzettelte.

Die Herzogin Mutter war es, die sich höchst gemäßigt bei
allem diesen benommen, die entgegengesetzten Geister immer
freundlich auseinander gehalten und mir nie den geringsten Stoff
zu einer Klage gegeben hat. Sie war ein allerliebstes, vortreffliches,
aber indefinibles Wesen. Inzwischen — setzte er hinzu — um
das oft gebrauchte Gleichniß, daß wir zu nah aneinander stehende

---

[1] In Folge dessen hat Müller hierüber auch nichts niedergeschrieben.

Bäume gewesen, beizubehalten, — wenn jene Verstimmungen
mich hinderten an Ausbreitung, so trieben sie mich desto
mehr in die Höhe; ich blieb mir getreu und lebte auf meine
Weise. Jeder von uns hätte eines eignen, abgeschlossenen Kreises
für sich bedurft; in einer großen Stadt, z. B. in Berlin hätten
wir ihn gefunden, während wir uns hier oft durchkreuzten.

„Und so war ich stets und werde es bleiben, so lange ich
lebe und darüber hinaus hoffe ich auch noch auf die Sterne; ich
habe mir so einige ausersehen, auf denen ich meine Späße noch
fortzutreiben gedenke.“

Wir sprangen über auf die Wahlverwandtschaften und auf
die Wanderjahre. „Ich begreife wohl, sagte er, daß den Lesern
Vieles räthselhaft blieb, daß sie sich nach einem zweiten Theile
sehnten; aber da ja Wilhelm so Vieles schon in den Lehrjahren
gelernt, so muß er ja auf der Wanderschaft desto mehr Fremdes
an sich vorübergehen lassen; die Meisterjahre sind ohnehin noch
schwieriger und das Schlimmste in der Trilogie. Alles ist ja
nur symbolisch zu nehmen und überall steckt noch etwas Anderes
dahinter. Jede Lösung eines Problems ist ein neues Problem.“
Dann sprach er von Fräulein Caspers[1] in Wien, die ihn durch
Struve habe grüßen lassen, und daß sie eines jener lieblichen,
aber neutralen, adiaphoren weiblichen Wesen sei, die, mit geringer
Sinnlichkeit ausgestattet, um so sicherer durch die Welt gehen,
weil sie eben nicht mehr anreizen, als daß man gerne bei ihnen
verweilt.

B. Den 22. September 1821.

Ich fuhr mit Hofrath Meyer nach Jena, dessen warme
Aeußerungen über Schiller und Angelica Kauffmann mir wohl
thaten. Es hat nie in einer Menschenbrust ein großartigeres
Gemüth gewohnt, eine reinere Gesinnung als bei Schiller;
seine Unterhaltungen waren stets sehr mittheilend und trostreich;
denn er wußte jeden Gegenstand gleich zu veredeln und den Zu-
hörer in lichtere Regionen zu erheben. Und Angelica ist eines
der liebenswürdigsten und gütigsten Naturells gewesen. Wir

---

[1] Es gab zwei Fräulein Caspers; beide von 1800—1802 an dem
weimarischen Theater.

speisten dann sehr heiter bei Goethe, der uns vielerlei Neues zeigte; Hegels humoristischen Danksagungsbrief über den Trinkbecher, Noehden's Uebersetzung und Commentar zu Goethe's Abhandlung über da Vinci's[1] Abendmahl; er schenkte mir das neueste Heft von Kunst und Alterthum und lud Knebeln zu Tisch, der aber absurder Weise erst Nachmittags kam.

Mittwoch, den 22. Mai 1822.

Ich ging Nachmittags gegen 5 Uhr zu ihm und traf ihn beschäftigt mit Riemer, die Holzdrücke[2] des Triumphzugs des Mantegna zu ordnen, über welchen er einen Aufsatz drucken lassen will.[3] Er erzählte mir von Coudray's Mittheilungen über die Pläne zu den neuen Schulgebäuden hier und zu Eisenach, lebhaft theilnehmend, als an einem höchst würdigen, sinnvollen Unternehmen.

„Habt nur Glauben daran, so wird das Geld dazu nicht fehlen. Wie wäre Francke in Halle zu seinem Waisenhause, wie Falk hier zu seinem jetzigen Gebäude gekommen ohne Glauben? Haben sie nicht aus allen Ecken dazu zusammen geklaubt?"

Bald entspann sich großer Meinungsstreit über die griechischen Angelegenheiten.

Er führte gegen mich die Sätze durch, daß der Krieg nur den Untergang der einzelnen Christen in der Türkei beschleunigen werde, daß Konstantinopel doch nicht zerstört, keinem unserer Potentaten aber ohne Gefahr, dessen Weltherrschaft dadurch zu begründen, überlassen werden könne.

Wollte man aber einen minder mächtigen Staat oder eine Republik dort gründen, so würden die größeren Mächte dort fortwährend um Steigerung ihres Einflusses sich bemühen, und eine ebenso unselige Gewaltenzersplitterung hervortreten, als z. B. jetzt zu Mainz.

---

1 Goethe's Annalen vom Jahre 1821.

2 Von Andrea Andreani geschnitten. Goethe's Annalen v. Jahre 1820.

3 Gedruckt zuerst in Kunst und Alterth. Goethe's Werke XXVII, p. 70.

Dabei erzählte er die merkwürdige Expedition des Dogen Dandolo von Venedig zu Anfang des 13. Jahrhunderts nach Konstantinopel mit französischen Rittern, die es auch wirklich eroberten.

v. Henning, der ehemalige Referendar zu Erfurt, hatte Goethen von Berlin gemeldet, daß er so eben im großen akademischen Hörsale über seine Farbenlehre zu lesen anfange,[1] was Goethen große Freude macht, und wozu er selbst einigen Apparat mitgetheilt hat.

Auf mein Verwundern, daß Henning als Jurist sich dieser Wissenschaft jetzt widme, sagte er ganz lakonisch: Er hat eben aus dem Studium der Gesetze nichts weiter als die Einsicht in den üblen Zustand der Menschen gewinnen können, und sich darum zur Natur gewendet.“

Des Großherzogs freundlichen Besuch diesen Morgen rühmte Goethe dankbarlichst; der Fürst habe vieles schon Geschehene hinsichtlich auf die Jenaischen Museen belobt, Anderes noch erst zu Unternehmende gebilligt, manches Neue angeregt, sich durchgehends gnädig, förderlich, innerlich zufrieden erwiesen.

Wegen des gewünschten Portraits von Kolbe für die Jenaische Bibliothek sei es jetzt klüger zu pausiren; gegen ein Vorurtheil müsse man nie auf der Stelle ankämpfen; mit der Zeit werde sich Alles leichter machen. Er bat mich mit Kolben im Nebenzimmer wegen Ankaufs seines jetzt in der Arbeit begriffenen Portraits zu sprechen, was denn auch gleich geschah.

Mit Freude vernahm ich, daß er mir den neuen Band aus seinem Leben, den Feldzug von 1792 und 1793 betreffend, schenken wolle; „der Großherzog ist recht zufrieden damit, sagte er; es handelt sich zwar nicht geradezu um ihn, aber so oft er vorkommt, so fällt immer, wie aus einem Spiegel, ein interessantes Bild von ihm zurück.“

So hatten wir etwa bis 7 Uhr geschwatzt; Riemer war eben geschieden, als Gräfin Julie v. Egloffstein sich anmelden ließ.

„Ja, wenn sie es auf Gefahr der bösen Gesellschaft, in der

---

[1] Nach Goethe's Annalen von 1821 waren sie bereits 1821 im Zuge. Es ist wohl der Wiederbeginn darunter zu verstehen.

sie mich findet, wagen will; doch kann ich es ihr freilich nicht zumuthen, ließ er ironisch antworten, und empfing sie mit tausend Scherzen und Neckereien. Es geht mir schlecht, sagte Goethe, denn ich bin weder verliebt, noch ist jemand in mich verliebt.

Dienstag, 11. Juni 1822.

Gegen 7 Uhr Abends ging ich zu ihm, und zwar zuerst in den Garten. Ich traf zuerst den Sohn, der sich in einer Laube mit seinem kleinen Walther behaglich niedergelassen hatte. Bald erschien auf dem grünumrankten Balkon der alte Herr, und ließ es sich gefallen herabzusteigen, da er wohl merkte, daß es mir im Garten besser gefallen möchte. Wir wandelten erst auf und nieder, von meinem Reiseprojecte an den Rhein sprechend, dann von dem wunderschönen Sommer, den Goethe nur in Rom noch anhaltender erlebt zu haben sich erinnerte. Als wir uns auf die freundliche Bank, nah am Gartenhause, niederließen, wo wir einst vor zwei Jahren, am Vorabend einer Abreise Goethe's nach Böhmen, mit Line Egloffstein so traulich gesessen hatten, kam das Gespräch gar bald auf Howard den Quäcker und auf seine neueste Schrift über die Londoner Witterung,[1] die Goethe unge= mein lobte. „Sein von ihm selbst aufgesetztes Leben habe ich für die Morphologie übersetzt; er spricht darin lange nicht so duckmäuserig als ein Herrnhuter, sondern heiter und froh. Christ, wie er einmal ist, lebt und webt er ganz in dieser Lehre, knüpft alle seine Hoffnungen für die Zukunft und für diese Welt hieran, und das Alles so folgerecht, so friedlich, so verständig, daß man, während man ihn liest, wohl gleichen Glauben haben zu können wünschen möchte; wiewohl auch in der That viel Wahres in dem liegt, was er sagt. Er will die Nationen sollen sich wie Glieder einer Gemeinde betrachten, sich wechselseits aner= kennen."

„Ich habe, fügte Goethe hinzu, kürzlich einem Freunde ge= schrieben:

[1] Luke Howard, Climate of London.

„Die Nationen sind an sich wohl einig über und unter einander, aber uneins in ihrem eignen Körper."

„Andere mögen das anders ausdrücken; ich habe mir den Spaß gemacht, es so zu geben." Wir wandelten nun wieder umher, ärgerlich über den dichten Rauch, den uns ein plötzlicher Westwind von den Brauhäusern her zusandte. — Bezüglich auf Walter Scott sagte Goethe: Ein Buch, das große Wirkung gehabt, kann eigentlich gar nicht mehr beurtheilt werden. Die Kritik ist überhaupt eine bloße Angewohnheit der Modernen. Was will das heißen?

Man lese ein Buch und lasse es auf sich einwirken, gebe sich dieser Einwirkung hin, so wird man zum richtigen Urtheil darüber kommen. Die von mir aus Wettin mitgebrachten Mineralien gaben zu geognostischen Gesprächen Anlaß. Ich habe, sagte er, gar keine Meinung mehr, seit die meisten Meinungen der Gelehrten so absurd in dieser Materie sind: ewige Opposition, ewiges nicht Anerkennen dessen, was mühsam erforscht ist; jede Anschauung will man sogleich tödten und in bloße Begriffe auflösen. Ach die Menschen sind gar zu albern, niederträchtig und methodisch absurd; man muß so lange leben als ich, um sie ganz verachten zu lernen." Roscoe hat sein neues Werk „Illustrations" [1] Goethen überschickt. Lady Morgan [1] ist ihm verhaßt. — Die Constitutionen sind wie die Kuhpocken, sie führen über einmal grassirende Krankheiten leichter hinweg, wenn man sie zeitig einimpft. Ich erzählte aus Aristophanes' Fröschen und tadelte seinen übertriebenen Cynismus. Goethe meinte, man müsse ihn wie den Casperle betrachten und läßlich nehmen. Meyers Abreise nach Wiesbaden gab Goethen Anlaß, großen Schmerz über wankende Gesundheit dieses alten Freundes kund zu geben. Es ist entsetzlich für solche tüchtige, treffliche Männer besorgt sein zu müssen, und die Esperanza setzt sich nur auf den Rand der Urne."

In der letzten halben Stunde ward Goethe immer in sich gekehrter, abbrechender, er schien körperlich zu leiden, der besorgte

[1] Mrs. Roscoe, Floral Illustrations.

[2] Lady Morgan. In ihrem Werk Italien. Aus dem Englischen. Weimar 1821.

Sohn mahnte mit Recht an den Rückzug und so schied ich um 8½ Uhr ganz bedenklich und betrübt.[1]

Den 3. Februar 1823.

Ich traf ihn gegen 6 Uhr Abends ganz allein; nur sein kleiner Enkel blätterte in Bilderbüchern und ward bei seinem lebhaften Wesen und öftern Fragen von dem alten Herrn auf's geduldigste von Zeit zu Zeit beschwichtigt, endlich aber durch allerlei Persuasion vermocht, sich auf das Bett im Cabinet schlafen zu legen.

Die wichtige Tagesneuigkeit des Krieges mit Spanien gab unserm Gespräch die erste Unterlage. Goethe hält sich überzeugt, daß zu Verona bereits ein fester Plan der Unterstützung Frankreichs durch Nachrücken der Armeen verabredet sei, daß man Spanien, es koste was es wolle, bezwingen werde, und daß viel ernsthaftere Maßregeln, als man sich irgend träumen lasse, ehestens zum Vorschein kommen würden. Die Opposition der Würtemberger gegen Oesterreichs Allgewalt erscheint ihm absurd, wie jede Opposition, die nicht zugleich etwas Positives anstrebe.

Hätte ich das Unglück in der Opposition sein zu müssen, ich würde lieber Aufruhr und Revolution machen, als mich im finstern Kreise ewigen Tadels des Bestehenden herumtreiben. Ich habe nie im Leben mich gegen den übermächtigen Strom der Menge oder des herrschenden Princips in feindliche, nutzlose Opposition stellen mögen; lieber habe ich mich in mein eigenes Schneckenhaus zurückgezogen und da nach Belieben gehauset. Zu was das ewige Opponiren und übellaunige Kritisiren und Regiren führt, sehen wir an Knebeln; es hat ihn zum unzufriedensten, unglücklichsten Menschen gemacht; sein Inneres, gleich einem Krebs, ganz unterfressen; nicht zwei Tage kann man mit ihm in Frieden leben, weil er Alles angreift, was einem lieb ist."[2]

[1] Den 3. Jan. Müller und Glenck bei Goethe.
[2] Vom 11. Februar bis 2. März 1823 war Goethe gefährlich krank. Am 29. März war er zum erstenmal wieder in seinem Garten.

Wir kamen auf die Landtagswahlen und auf die Glieder des Regierungscollegiums zu sprechen, die ich ihm nach ihrer Individualität schildern mußte. Riemers gegenwärtige Verstimmung gab Anlaß sich über ihn auszusprechen. Er hat mehr Talent und Wissen, bemerkte Goethe, als er nach dem Maße seiner Charakterstärke ertragen kann.

Ich suchte Goethen vorsichtig dahin zu bringen, daß er zu Riemers Ermuthigung durch freundliche Attention beitragen möge, was denn auch seine gute Wirkung hatte. Da kam er auf eine förmliche Theorie der Unzufriedenheit. Was wir in uns nähren, das wächst; das ist ein ewiges Naturgesetz. Es gibt ein Organ des Mißwollens, der Unzufriedenheit in uns, wie es eines der Opposition, der Zweifelsucht gibt. Je mehr wir ihm Nahrung zuführen, es üben, je mächtiger wird es, bis es sich zuletzt aus einem Organ in ein krankhaftes Geschwür umwandelt und verderblich um sich frißt. Dann setzt sich Reue, Vorwurf und andere Absurdität daran, wir werden ungerecht gegen Andere und gegen uns selbst. Die Freude am fremden und eignen Gelingen und Vollbringen geht verloren, aus Verzweiflung suchen wir zuletzt den Grund alles Uebels außer uns, statt es in unsrer Verkehrheit zu finden. Man nehme doch jeden Menschen, jedes Ereigniß in seinem eigentlichen Sinne, gehe aus sich heraus, um desto freier wieder bei sich einzukehren.

Gegen 8 Uhr verließ ich ihn, und gerne schien es, hätte er noch länger mich bei sich behalten.

B. Den 16. März.

Ich war von 5—6½ Uhr bei Goethe, der anfangs matt, nachher sehr heiter war. Er sprach unter anderm sehr geistreich und anschaulich über die drei Hauptursachen [1] der französischen Revolution, welche Weber aufgestellt, und gesellte ihnen eine vierte zu: Antoinettens gänzliche Vernachläßigung aller Etiquette. „Wenn man einmal mehrere Millionen aufwendet an

---

[1] Joseph Weber; Mémoires concernant la Reine Antoinette. Publié par Berville et Barrière. Paris 1822.

einem Hof, um gewisse Formen als Schranken gegen die Menge
zu haben, so ist es thöricht und lächerlich, wenn man solche selbst
wieder über den Haufen wirst."

B. Den 21. März.

Ich war Abends zwei Stunden ganz allein bei Goethe. Die
heutigen Dramatiker müssen die Schiller'schen Trauerspiele ganz
anders sehen und hören, wie unser eines, sonst könnten sie unmöglich selbst so verwirrtes, absurdes Zeug schreiben. Zuletzt erzählte er noch sehr gemüthlich und klar die Flucht Louis XVI.
nach Varennes.

Montag, 31. März.

Heute war ich von 6—9¼ Uhr bei ihm, mit Riemer, anfangs auch mit Meyer.

Einer der interessantesten, behaglichsten und gemüthlichsten
Abende unter vielen! Goethe war durchaus heiter, gemäßigt
mittheilend, lehrreich, keine Pique, keine Ironie, nichts Leiden-
schaftliches oder Abstoßendes!

Er theilte uns seine Recension über Varnhagens Biographien von Graf Schulenburg, Graf Bückeburg und Theodor von
Neuhof mit. „Weltmärchen"[1] nannte er sie. Dann auch seine
Antwort an den Uebersetzer und Travestirer seiner Lebensbe-
beschreibung in Paris, Msr. Vitry.[2]

Der Eingang ist besonders glücklich, nach kurzer Entschul-
digung der langen Zögerung sogleich in die Mitte des Gegenstandes sich versetzend und bei aller Billigung des jenseitigen Ver-
fahrens doch nicht ohne Ironie und kleine Seitenhiebe. Dann
las er uns seine Einleitung und Analyse der von Helvig'schen
Uebersetzung schwedischer Romanzen von Tegnér nach alten

---

[1] Ich las also hier ausführlich, was mir von den Tagen der Kind-
heit her bis ins Jünglingsalter heran, als Weltmärchen im Allgemeinen vorgekommen. Goethe's Werke.

[2] Mémoires de Goethe, trad. de l'allemand par Aubert Francois,
Jean Philib. de Vitry, Paris 1823. 2 vol.

Sagen und eine solche Romanze selbst, „die Königswahl,"[1] pathe-
tisch vor, die von überaus großer Naivetät und Anmuth ist.

Die Gespräche über den Kölnischen Carneval leiteten auf
Herrn v. Haxthausen[2] daselbst, der viele neugriechische Lieder
besitzt, aber aus Unentschlossenheit nicht herausgibt.

„Nichts ist verderblicher, als sich immer feilen und bessern
zu wollen, nie zum Abschluß kommen; das hindert alle Production."

Durch Gedankenassociation brachte ich das Gespräch auf den
verstorbenen Geh.-Reg.-Rath Hetzer und seine Geschäftsreste und
dann ging es auf Geh.-Rath v. Fritsch, den Vater, über.

Goethe rühmte, daß dieser stets redlich gegen ihn gewesen,
obgleich sein, Goethe's Treiben und Wesen ihm durchaus nicht
habe zusagen können. Aber er habe doch Goethe's reinen Willen,
uneigennütziges Streben und tüchtige Leistungen anerkannt. Seine
Gegenwart, seine Aeußerlichkeit sei nicht gerade erfreulich gewesen, vielmehr scheinbar starr, ja hart; er habe nichts Behag-
liches oder Feines in seinen Formen gehabt, aber viel Energie
des Willens, viel Verstand, wie schon aus seinen zwei Söhnen
sich schließen lasse, die denn doch selbstständig genug auf eignen
Füßen ständen.

Riemer bemerkte, daß es ein großer Irrthum sei, das Wissen
und den Karakter von einander zu trennen; eins sei erst durch
das Andere etwas, durch den Karakter trete jenes erst recht
hervor; man könne allenfalls ohne Wissen, aber nicht ohne Karakter leben. Ja wohl, versetzte Goethe, der Karakter ersetzt
nicht das Wissen, aber er supplirt es. Mir ist in allen Geschäften und Lebensverwicklungen das Absolute meines Karakters sehr zu statten gekommen; ich konnte Vierteljahre lang schweigen und dulden, wie ein Hund, aber meinen Zweck immer festhalten; trat ich dann mit der Ausführung hervor, so drängte
ich unbedingt mit aller Kraft zum Ziele, mochte fallen rechts
oder links, was da wollte. Aber wie bin ich oft verlästert worden; bei meinen edelsten Handlungen am meisten. Doch das

---

[1] Goethe's Werke XXIX. pag. 211—216.
[2] Ist nicht näher zu bestimmen, da nichts von ihm erschien. Nach
einer Privatmittheilung Goedeke's ist es Franz Ludw. Maria August
v. Haxthausen.

Geschrei der Leute kümmerte mich nichts. Die Kinder und ihr
Benehmen gegen mich waren oft mein Barometer hinsichtlich der
Gesinnungen der Eltern. Ich nahm alle Zustände der Personen, meine Collegen z. B. durchaus real, als gegebene, einmal
fixirte Naturwesen, die nicht anders handeln können als sie handeln, und ordnete hiernach meine Verhältnisse zu ihnen. Dabei
suchte ich ringsum mich selbst richtig zu sehen. In die Kriegs-
commission trat ich nur, um den Finanzen durch die Kriegscasse
aufzuhelfen, weil da am ersten Ersparnisse zu machen waren.

Der Ilmenauer Bergbau würde sich wohl gehalten haben
wäre er nicht isolirt da gestanden; hätte er sich an ein Harz
oder Freiberger Bergwesen anschließen können.

Einen Parvenu wie mich konnte bloß die entschiedenste Un-
eigennützigkeit aufrecht erhalten. Ich hatte von vielen Seiten
Anmahnungen zum Gegentheil; aber ich habe meinen schriftstel-
lerischen Erwerb und zwei Drittel meines väterlichen Vermögens
hier zugesetzt und erst mit 1200 Thaler, dann mit 1800 Thaler
bis 1815 gedient.

Riemer sagte: ach wie glücklich sind Sie, daß Sie immer
so real im Leben stehen konnten; ich komme mit aller Anstrengung nie hinein ins Leben, geschweige durch.

B.   Montag, den 7. April.

Nachmittags besuchte ich Goethen, den ich zum ersten Male
wieder im vordern Zimmer traf. Wir unterhielten uns über
Röhrs letzte Festpredigt quilibet habet suos manes, was Goethe
übersetzte: Jeden plagt sein Dämon. (Zur unrechten Zeit nämlich.) Wir sprachen über Rationalismus überhaupt, und wie er
mit dem, was die geläutertste Philosophie aufstelle und annehme,
ganz zusammentreffe.

B.   Montag, den 21. April.

Goethe sprach über die philosophischen Systeme Kants,
Reinholds, Fichte's und Schellings, und bemerkte, daß durch des

Letztern zweizüngelnde Ausdrücke über religiöse Gegenstände große
Verwirrung entstanden sei, und die rationelle Theologie um ein
halbes Jahrhundert zurückgebracht worden wäre.

B. Sonntag, den 27. April.

Die Krankheit der Großherzogin gab Goethe Veranlassung
zur Beurtheilung derselben. Sie trage nie nach, sagte er,
spreche stets ihre Meinung aus, sei es Beifall, sei es Mißbilli-
gung; ohne Reue und ohne Gewissensverletzung geht sie durch
das Leben.

B. Donnerstag, den 15. Mai.

Wer keinen Geist hat, äußerte Goethe bei Besprechung der
Nachdrucksfrage, glaubt nicht an Geister und somit auch nicht an
geistiges Eigenthum der Schriftsteller.

Mittwoch, 17. September.

Um 6 Uhr ging ich mit Riemer zu Goethe, der diesen Mittag aus Jena angelangt war, wo er nach den wunderjamen
Aufregungen, die sein Aufenthalt in Marienbad ihm gebracht,
mehrere Tage gleichsam Quarantaine gehalten hatte. Ich übergab ihm das Geschenk des Stadtraths zu Bremen zu seinem
Geburtstage, in einem Dutzend Fläschchen des alten berühmten
Rose-Weins bestehend. Er erzählte von böhmischen Zuständen
und den dortigen so äußerst abgemessenen Lebensrichtungen. Im
Ganzen sei Alles dort so abnorm von unsern Einrichtungen, so
stationär, wie in China. Wer nicht in die Messe geht, wird
denuncirt.

Riemer mußte Roberts herrliches Festspiel [1] zum 28. August
vorlesen. Goethe bemerkte, daß er zu Marienbad und Karlsbad
von keinem andern Autor als von Byron und Walter Scott

[1] Morgenbl. 1823. Nr. 225. Abgedruckt bei Nicolovius über Goethe,
S. 363.

habe sprechen hören. Aber Scotts Zauber, fuhr er fort, ruht auch auf der Herrlichkeit der drei brittischen Königreiche und der unerschöpflichen Mannichfaltigkeit ihrer Geschichte, während in Deutschland sich nirgends zwischen dem Thüringer Wald und Meklenburgs Sandwüsten ein fruchtbares Feld für den Roman= schreiber findet, so daß ich in Wilhelm Meister den aller= elendesten Stoff habe wählen müssen, der sich nur denken läßt: herumziehendes Komödiantenvolk und armselige Landedelleute, nur um Bewegung in mein Gemälde zu bringen.

Bei Gelegenheit der Erwähnung der schönen Recension [1] über Schubarths homerische Rhapsodien, sagte er: die Gründe für das trojanische Vaterland [2] Homers, hergenommen aus seiner angeblich bewiesenen Vorliebe für die trojanischen Helden, durch die ihnen verliehene sittlich höhere Stellung, wollen wir nichts entscheiden; denn der Dichter mußte Gegensätze haben, und da die Trojaner die unglücklichern waren, so mußte er, um für sie zu interessiren, nothwendig sie geistig und sittlich reicher ausstatten.

B. Obwohl ich mit meinen Erzählungen und Darstellungen diesen Abend nicht zufrieden war, da sie nicht präcis genug, und die Gegenstände mir nicht in erschöpfender Klarheit vorschwebten, so gelang es mir doch den Faden des Gesprächs immer lebhaft fortzuspinnen und Goethe's Munterkeit stets wieder anzufachen. Seine Gewohnheit im Sitzen, immer das zusammengedrehte Schnupftuch durch die eine Hand zu ziehen und damit zu spielen, trat dabei wieder hervor.

Höchst anmuthig war die Erzählung seines Abenteuers mit Prinzeß Julie von Hohenzollern.

[1] Nicht nachweisbar. Goedeke meint (Privatmittheilung), sie existire auch nicht und es sei nur angespielt auf den Briefwechsel Goethe's mit Zelter. p. III, 203 5: Begegnest Du einem Karl Ernst Schubarth von Breslau, so sei ihm freundlich in meine Seele; er hat über meinen Faust geschrieben und giebt jetzt heraus „Ideen über Homer und sein Zeit= alter" u. s. w.

[2] Vergl. Goethe's Annalen zum Jahr 1821, wo er sich bereits über diesen Punkt ausspricht.

Donnerstag, den 18. September.

Meines kleinen Pathen Wolf heutiger Geburtstag führte mich zu Ottilien und nachher zum alten Herrn, bei dem ich Meyern antraf. Goethe kritisirte bitter die letzte Humboldt'sche Vorlesung über Vulcane. [1] Dieser Freund, sagte er, hat eigentlich nie höhere Methode gehabt, bloß viel gesunden Verstand, viel Eifer und Beharrlichkeit.

Im Aesthetischen mag Jeder noch allenfalls glauben und fühlen, wie er will, aber in den Naturwissenschaften ist das Falsche und Absurde rein unerträglich.

Meyer mußte Rees von Esenbecks treffliche Schilderung, des hochbejahrten philosophischen Sonderlings Nose, bei Bonn, vorlesen, der mit Goethe im Naturwissenschaftlichen so sehr übereinstimmt, und von dem er Näheres hatte wissen wollen.

Als das Gespräch auf die jetzigen Bestrebungen der Monarchisten fiel, Freiheit und Aufklärung zu hemmen, sagte Goethe:

„Im Princip, das Bestehende zu erhalten, Revolutionärem vorzubeugen, stimme ich ganz mit ihnen überein, nur nicht in den Mitteln dazu. Sie nämlich rufen die Dummheit und die Finsterniß zu Hülfe, ich den Verstand und das Licht."

Uebergehend auf die wunderlich verflochtenen Zustände der Akademie Jena, klagte er über die Eigensucht, die Intriguen und Prätensionen der Einzelnen, denen man nicht mit genugsamer Energie entgegenträte.

Ich freue mich nun, wie stattlich und in schönster Ordnung meine Institute zu Jena sind, die ja nur errichtet wurden, um das wirklich zu leisten, was die Nominalprofessuren nicht vermögen. Ich habe aber auch den Stolz, daß sie nicht lange Jahre nach meinem Tode untergehen werden. Denn dann wird man hineinpfuschen, Alles persönlich und willkürlich betrachten, statt daß ich Alles rein objectiv behandle und keinen einzigen unnützen oder überflüssig Angestellten habe.

[1] Ueber den Bau und die Wirksamkeit der Vulcane in Leonhard's Jahrbuch und dann besonders gedruckt. 1824.

Er sprach dann von Meteorologie und wie er den Einfluß der Planeten und selbst des Mondes verwerfe, nichts auf den Thermometer und alles auf den Barometer setze.

Je mehr er auf seine Studien kam, je lebendiger und heiterer wurde er und erregte auch in mir lebhaftere Arbeitslust. Ich erzählte aus Quentin Durward, was ihn sehr interessirte.

Im Ganzen fühlte man jedoch durch, daß er nicht heiter gestimmt war, ungern sich wieder in die hiesige Lebensweise resignire. Die öftern Pausen seines sonst so lebendig fortfließenden Gesprächs immer wieder mit neuen, interessanten Gegenständen auszufüllen, war keine leichte Aufgabe.

Sonntags, den 21. September

war ich nach dem Hofe ein Stündchen bei ihm, wurde aber bald abgerufen. Wir sprachen von dem nun wirklich zu Paris aufgefundenen Original-Manuscript von Rameau's Neffen, dessen Authenticität zu bezeugen, Goethe durch den Verleger in einem sehr schmeichelhaften und klug gestellten Schreiben aufgefordert worden.

„Il y a peu de voix, mais beaucoup d'échos en France," heißt es in der Vorrede jener neuen Edition.

Dienstag, den 23. September.

Ich war kaum gegen 6 Uhr in Goethe's Zimmer getreten, zunächst um Professor Umbreit für morgen anzumelden, als der alte Herr seinen leidenschaftlichen Zorn über unser neues Judengesetz,[1] welches die Heirath zwischen beiden Glaubensverwandten gestattet, ausgoß. Er ahndete die schlimmsten und grellsten Folgen davon, behauptet, wenn der Generalsuperintendent Karakter habe, müsse er lieber seine Stelle niederlegen als eine Jüdin in der Kirche im Namen der heiligen Dreifaltigkeit trauen.

[1] Vom 20. Juni 1823. Nachtrag vom 6. Mai 1833 im weimarischen Regierungsblatt.

Alle sittlichen Gefühle in den Familien, die doch durchaus auf
den religiösen ruhten, würden durch ein solch scandaloses Gesetz
untergraben. Dieser sein Unmuth, sich nach dem heitern Aufenthalte in Marienbad wieder hier eingeengt zu befinden, machte
sich den ganzen Abend vielfach bemerkbar. Als ich ihn zu täglichen Spazierfahrten antrieb, sagte er: Mit wem soll ich fahren,
ohne Langeweile zu empfinden? Die Staël hat einst ganz richtig
zu mir gesagt: Il vous faut de la séduction. Ja ich bin wohl
und heiter heimgekehrt, drei Monate lang habe ich mich glücklich
gefühlt, von einem Interesse zum andern, von einem Magnet zum
andern gezogen, fast wie ein Ball hin und her geschaukelt, aber
nun — ruht der Ball wieder in der Ecke und ich muß mich den
Winter durch in meiner Dachshöhle vergraben, und zusehen, wie
ich mich durchflicke. Wie schmerzlich ist es doch, solch eines
Mannes innere Zerrissenheit zu gewahren, zu sehen, wie das
verlorene Gleichgewicht seiner Seele sich durch keine Wissenschaft,
keine Kunst wieder herstellen läßt, ohne die gewaltigsten Kämpfe,
und wie die reichsten Lebenserfahrungen, die hellste Würdigung
der Weltverhältnisse ihn davor nicht schützen konnten. Was in
seinem Judeneifer recht merkwürdig war, ist die tiefe Achtung
vor der positiven Religion, vor den bestehenden Staats-Einrich-
tungen, die trotz seiner Freidenkerei überall durchblickte. Wollen
wir denn überall im Absurden vorausgehen, alles Fratzenhafte
zuerst probiren? sagte er unter andern.

Mittwoch, 24. September.

Um 1 Uhr führte ich Professor Umbreit zu Goethe. Fast
eine Stunde lang war er freundlich, mild und aufgeschlossen,
indem er viele der Heidelberger Lehrer und den Zustand der
Naturwissenschaften, Philologie rc. die Revue passiren ließ. Pau-
lus Tochter, Frau von Schlegel, habe eigentlich einen sehr guten
Karakter, äußerte er mit Wärme, ihr Eigensinn sei nur unent-
wickelter Karakter, den die Eltern nicht verstanden hätten aus sich
herauszuführen, in andere hinüber, zu Verarbeitung ihrer Kraft
zu leiten.

Den Diwan werde er nur innerlich, d. h. in so fern fort=
setzen, daß er einzelne Bücher, z. B. das des Paradieses, erwei=
tere und verstärke.[1] Bei den ungeheuren Schwierigkeiten des
Erlernens dieser arabischen Sprache habe er seine Kenntniß von
ihr mehr erobert durch Ueberfall als regelmäßig erworben.
Weiter dürfe er jetzt nicht mehr gehen, ohne verführt zu werden.
Wenn er zuweilen noch in dieses Land, in diese Zustände hinein=
schaue, so werde ihm ganz wunderlich zu Muthe. Umbreit be=
nahm sich vortrefflich, lebendig, ohne alle Verlegenheit und doch
bescheiden. Wegscheiders Dogmatik und Kapps Christus und
Sokrates lobte er sehr. Goethe bemerkte, es sei doch in wissen=
schaftlicher Hinsicht eine höchst interessante Zeit, in der wir lebten,
Alles habe sich unglaublich umgestaltet und aufgehellt, und eine
Freude sei es zu sehen, wie jedes Fach so viel würdiger behan=
delt werde. Dieß sei zunächst Verdienst der Philosophie, die, trotz
der vielen abgeschmackten Systeme, Alles mit neuer Lebenskraft
durchdrungen habe. Umbreit ging hochentzückt hinweg; seine
arme kleine junge Frau jammerte hingegen, Goethe nicht auch
gesehen zu haben.

Donnerstag, 25. September.

Von 5—8 Uhr weilte ich bei Goethe, dessen Unterhaltung
höchst interessant, vertraulich, gemüthsvoll war. Er sprach über
Cuviers Lobrede" auf Haüy, worin vorkommt „Le ciel est entière=
ment soumis à la Géometrie," Goethe belächelte diese Phrase
sehr, da die Mathematiker ja nicht einmal die vis centripeda[3]
noch erklären könnten.

Darauf theilte er die Gedichte auf Madame Szymanowska,
die Virtuosin,[4] und auf ihre Schwester mit. Jene sei wie die

[1] Vergl. das Gespräch vom 26. September.

[2] Cuvier. Baron Georges, Éloge historique de M. Haüy. Paris,
Mus. hist. nat., Mém. X. 1823 p. 1—35; Paris. Acad. Sci., Mem. VIII.
1829 (Hist.) p. 145—177. Also an zwei Stellen.

[3] Ein Axiom erklären! Das ist in der That ein starkes Verlangen
Goethe's.

[4] Erste Pianofortespielerin der Kaiserin von Rußland.

Luft, so umschließend, so alsbald zu setzend, so überall, so leicht und gleichsam körperlos. Er zeigte mir ihre Handschrift.

Als ich Knebels briefliche Aufreizung, ihm Werner'sche Sonette abzulocken, vorlas[1] und ein espion von Erfurt handelte, gelang diese offene Kriegslist vortrefflich, und er versprach sie vorzusuchen. Er kam dabei auf dem einstigen Wettkampf mit Werner, bei Gelegenheit des 24. Februar, Fluch und Segen in zwei kleinen Dramas durchzuführen. Gozzi habe behauptet, es gäbe nur 36 Motive zu einem Trauerspiel.

Nachdem er Ottilien Lob gespendet, bemerkte er: Die Freundinnen theilen sich in zwei Classen, in solche die action à distance haben, und in solche, die nur in Gegenwart etwas sind. Mit jenen unterhalte ich mich oft lange im Geiste, diese sind mir rein nichts, wenn ich sie nicht vor mir sehe.

B. Als ich über die Virtuosin Szymanowska einige Querfragen that, äußerte er sanft scheltend: Ach der Kanzler macht mir oft unversehens Verdruß.

Den ganzen Abend war keine Spur von Unmuth oder Verstimmung in ihm zu finden; nur war es a tempo, als ich ging, denn er fing an zu ermüden.

Freitags, 26. September.

Von 6—9 Uhr war ich mit Line und Meyer bei ihm. Ich brachte bald die Lalla Rooth'schen Bilder[2] aufs Tapet, damit er sie Linen zeigte, und dieß gab Gelegenheit zu den heitersten Scherzen und Gesprächen, besonders über die Peris.

Zuletzt holte er seine Divan-Manuscripte und las uns zwei herrliche Gedichte zu Ergänzung des „Paradieses" vor.[3] Eine

---

[1] Brief vom 23. Sept. 1823: Sehen Sie doch, daß Sie von Goethe einige der guten Sonette von dem wirklichen Werner herausbringen.

[2] Die lebenden Bilder und pantom. Darstellung bei dem Festspiel Lalla-Rooth auf dem Schloß in Berlin 27. Jan. 1821. Nach der Natur von Wilhelm Hensel 1823.

[3] Goedeke's Einleitung zum west-östlichen Divan behauptet, daß die Einschaltungen nur bis 1820 gemacht worden seien. Vergl. übrigens über die Erweiterung des Divans das Gespräch vom 24. Sept.

Huri steht Wache an der Pforte des Himmels, will den Dichter nicht einlassen, weil sie ihn für verdächtig hält und fordert Beweise für seine Glaubenskämpfe. Da antwortet er ihr:[1]

„Mach nicht so viel Federlesen,
„Laß mich zu der Pforte ein,
„Denn ich bin Mensch gewesen
„Und das heißt ein Kämpfer sein."

Dann zeigte er ihr die Wunden, die Schicksal und Leidenschaft seinem Herzen geschlagen, und wie er dennoch dabei froh, fromm und dankbar geblieben; sie läßt ihn ein und er zählt nun an ihren Rosenfingern die Ewigkeiten. „So habe ich den Britten (Moore) zu überbieten gesucht." Wir waren Beide, Line und ich, innig gerührt von der Wärme seines Vortrags. Als Line weg war, kam Coudray und gab uns einen gedrängten Ab- und Umriß seines Berliner Lebens und der dortigen Regsamkeit in Kunst und Wissenschaft, Technik, Lebensannehmlichkeit rc., so daß die Lust solche Wunder auch zu sehen, lebhaft erwachte.

Sonnabends, 27. September.

Von 7—8½ Uhr war ich mit Line bei Goethe. Ich führte die Wiedererzählung des Abenteuers mit der Prinzeß von Hohenzollern und der Bekanntschaft mit Mad. Szymanowska herbei; es fand sich, daß Line sie von Petersburg her kannte und liebte, was dem alten Herrn vielen Spaß machte. Nachher ergoß er sich noch im Lob des Landlebens, weil man dort ganz aus sich heraustrete, ganz frei außer sich lebe, was zu Hause niemals vorkomme. Dabei verglich er sich mit einem Gärtner, der eine Menge schöner Blumen besitze, ihrer aber dann erst recht gewahr und froh werde, wenn Jemand einen Strauß von ihm fordere.

So mache ihm die Poesie erst wieder Vergnügen, wenn er eine Nöthigung zu einem Gelegenheits-Gedicht erhalte.

Von einem jungen trefflichen Polen sprach er auch, der sehr

---

[1] Goethe's Werke XIX: Nicht so vieles Federlesen!
Laß mich immer nur herein,

reich sei und ihm wohl zehn Tausend geben könnte, wenn er ihm einigermaßen den Kopf zurechtsetze. Dieser habe ihm von einem polnischen Trauerspiel erzählt, das, nach den Motiven zu urtheilen, ungemein anziehend sein müsse. Er versprach solche bei erster Gelegenheit uns mitzutheilen.

Montags, 29. September.

Von 7—11½ Uhr war ich bei Goethe, auch Meyer, Riemer, Staatsrath Schultz von Berlin waren anwesend. Letzterer erschien als ein gar feiner verständiger, in sich gefaßter Mann, dessen edle Physiognomie auf körperliche Leiden und Tiefe der Reflexion deuteten. Eine Mappe Kupferstiche aus Rafaels Zeit ward durchgesehen. Nach dem Souper, — das erste wieder nach langer Zeit — zeigte Goethe drei herrliche, bronzene Medaillen aus dem 15. Jahrhundert. Auf der einen wird ein Neb von jungen Adlern zerfleischt, oben thront ein großer Adler, die Umschrift lautet: „Liberalitas augusta." Goethe besitzt an 2000 solcher bronzenen Medaillen, von denen er viele mit einem Speciesthaler bezahlte. Erst durch die Uebersetzung von Cellini kam er auf die Idee, Medaillen der Päpste und ihrer Zeit zu sammeln. Von Martin V. an besitzt er eine vollständige Folge aller Köpfe. Die Ordnung derselben veranlaßte ihn, über die Kunst und Schwierigkeit zu sprechen, Briefe, Aufsätze, Merkwürdigkeiten jeder Art gehörig zu reponiren, und wie man außerdem seines Besitzes nie froh werde. Die schöne Gonzaga, deren Bild im hiesigen Museum hängt, sei an einen Trivulzio[1] zu Mantua, circa im Jahre 1500, verheirathet gewesen. Als er den Schenkischen[2] Terzinen über Canova's Tod Lob spendete, bemerkte er: Terzinen müssen immer einen großen, reichen Stoff zur Unterlage haben, wenn sie gefallen sollen.

---

[1] Ein Irrthum, vergl. v. Zahn. Katalog des weimar. Museums 1. Ausg. pag. 26.

[2] Ed. v. Schenk. Besonders erschienen. München, 2. Aufl. 1823. Canova † 12. Oct. 1822 zu Venedig.

Nach Tische sprachen Riemer und Goethe über die Tropen und deren Durchführung. Die neuern Pedanten verlangen letztere bis zum äußersten Punkt; Goethe springt gerne ab, wie ja auch die Phantasie es thut, häuft daran mehrere, um eine durch die andere zu erklären. Riemer erläuterte an Beispielen aus dem gemeinen Sprachgebrauch, wie man ohne Vermischung der Tropen gar nicht fortkommen könne, z. B. etwas in Werk setzen. Ich war leider zu ermüdet, um ganz achtsam zu sein.

Donnerstag, den 2. October.

Von 5—11 Uhr bei Goethe.

Beim Eintreten gleich beschwichtigte er meinen Groll über Nichteinladung zum heutigen Mittag, wo Reinhards Geburtstag bei ihm gefeiert wurde, auf die freundlichste Weise. Dadurch fiel bald das Gespräch auf seine Geselligkeit überhaupt und ich sprach sehr offen über die deßfallsigen Wünsche seiner Freunde und der Fürstlichkeiten.

Goethe nahm meine Aufrichtigkeit sehr gut auf und entwickelte seine Gegengründe, die hauptsächlich auf Frau v. H. (Heygendorf) hinausliefen und die ich nicht zu erkennen vermochte. Seine Aeußerungen über Reinhard waren rührend, „ich lasse ihn so bald nicht fort, ich klammere mich an ihn an."

Schultz [1] spielte, Ottilie sang, Soret kam, Goethe mineralogisirte mit ihm lange und sprach nachher sehr poetisch darüber. Es gebe wohl verschiedene Ansichten in den Wissenschaften; aber sie würden oft nur durch eine papierne Scheidewand veranlaßt, die leicht mit dem Ellbogen durchzustoßen sei. Bald ließ er mich wieder allein zu ihm in die Ecke des blauen Zimmers setzen und knüpfte das Gespräch über Organisation seiner Winter-Geselligkeit wieder an.

„Seht, wenn es mir wieder wohl unter Euch werden soll diesen Winter, so darf es mir nicht an munterer Gesellschaft,

---

[1] Da er spielte, möchte es doch wohl der Staatsrath Schultz gewesen sein, der zu Zelters Singakademie, als ein sehr thätiges Mitglied gehörte, während von des geh. Reg.-Rath Schulz Accompagnement singender Damen nichts bekannt ist. (Schöll.)

nicht an heitern Anregungen fehlen, nachdem ich zu Marienbad deren in so reicher Fülle empfunden habe. Sollte es nicht möglich sein, daß eine ein für allemal gebetene Gesellschaft, sich täglich, bald in größerer, bald in kleinerer Zahl, in meinem Hause zusammen fände? Jeder käme und bliebe nach Belieben, könnte nach Herzenslust Gäste mitbringen. Die Zimmer sollten von sieben Uhr an immer geöffnet, erleuchtet, Thee und Zubehör reichlich bereit sein. Man triebe Musik, spielte, läse vor, schwatzte. Alles nach Neigung und Gutfinden. Ich selbst erschiene und verschwände wieder, wie der Geist es mir eingäbe. Und bliebe ich auch mitunter ganz weg, so dürfte dies keine Störung machen. Es kommt nur darauf an, daß eine unserer angesehensten Frauen, gleichsam als Patronin dieses geselligen Vereins aufträte und Niemand würde sich besser dazu eignen, als Frau von Fritsch. So wäre denn ein ewiger Thee organisirt, wie die ewige Lampe in gewissen Capellen brennt. Helft mir, ich bitte Euch, diese vorläufigen Ideen und Pläne fördern und ausbilden."

Hierauf erfolgte vertraulichste Mittheilung seiner Verhältnisse zu Levezows. „Es ist eben ein Hang," der mir noch viel zu schaffen machen wird, aber ich werde darüber hinauskommen. Iffland könnte ein charmantes Stück daraus fertigen, ein alter Onkel der seine junge Nichte allzuheftig liebt."

Nach einer Weile fing er an meine und Riemers allzugroße Gelindigkeit in der Kritik des Schenk'schen Gedichts auf Canova zu tadeln. Es sei keine Funke ächten poetischen Geistes darinnen, nur Rhetorik, ja sogar falsche, verderbliche Motive. Unsre eignen Productionen seien ganz gut, in der Kritik aber bewiesen wir uns nicht als seine ächten Schüler. Man müsse nur das Beste preisen. Man müsse sich stets die schwersten Aufgaben machen und in Dichtungen nur auf reiche, gehaltvolle Motive eingehen.

Dann zeigte er mir eine Menge Landschaftszeichnungen von 1810 aus seinem Jenaischen Aufenthalte vor, und klagte, daß er seitdem nichts mehr zu zeichnen vermocht und dadurch unendlich an Selbstbefriedigung verloren habe. Je schwerer die Zunge ihm wurde, je geistreichere und humoristischere Ideen drängten sich hervor. Wir gingen in's Eßzimmer, wo die andern sehr lustig waren. Er machte allerliebste Scherze über ungeknüpft herunter

hängende Mützenbänder; kam dann auf Byron, pries seinen
Cain und vorzüglich die Todschlag-Scene. Byron allein lasse
ich neben mir gelten! Walter Scott ist nichts neben ihm."

„Die Perser hatten im fünften Jahrhundert nur sieben Dichter,
die sie gelten ließen, und unter den verworfenen waren mehrere
Canaillen, die besser als ich waren."

Als er merkte, daß Ulrike schläfrig war, ergrimmte er scherzhaft, daß seine persische Literaturgeschichte an ihr und dem übrigen
jungen Volke verschwendet sei und jagte sie mit komischer Heftigkeit alle fort.

Seit lange hatte ich Goethe nicht so überreich an Witz,
Humor, Gemüthlichkeit und Phantasie gefunden. Dazu gehörte
auch die zarteste Erzählung von seiner Schönheit in Marienbad
und von der Bekanntschaft mit der hübschen Regensburgerin,
die v. Helldorf anbetete.

Freitags, 3. October.

Mit Reinhard jun. war ich bei Goethe von 5 Uhr an. Er
schien anfangs einsilbiger, abgespannter, doch gelang es mir ihn
belebter zu machen. Wilbrand von Gießen, der die schöne
Höhenkarte herausgegeben, war bei ihm gewesen, Hennings aus
Berlin war annoncirt. Der alte Reinhard kam von Belvedere.
Goethe war anfangs auch gegen ihn still und unmittheilend,
und schien mir sehr Dank zu wissen als ich politische Gespräche
herbeiführte, die Reinhard zu vertraulichsten Mittheilungen über
seine Stellung zu Châteaubriand und dem französischen Gouvernement überhaupt veranlaßten. Er sprach mit liebenswürdiger
Wärme und Geradheit: berührte seine drei Gefangenschaften und
sein trübseliges Verhältniß zu Talleyrand im Jahre 1814 und
1815 als Kanzleichef. La Besnardière sei damals sehr eifersüchtig
auf ihn gewesen. Er erzählte von der Malice Talleyrands,
als er ihm einen Journalartikel gegen Châteaubriand auftrug,
der aber hoffentlich zu viel Seelengröße habe, um es nachzu-
tragen.

In Frankfurt, fuhr er fort, bin ich eigentlich gleich Null,

darum habe ich mir bisher die Freiheit des Wortes und des Urtheils erhalten. — „In jetziger Zeit muß man feststehen auf seiner Basis und auf geprüften Maximen, nicht transigiren, nicht combiniren, sonst zieht man sich bald jede Erniedrigung und Ohr= feigen zu, und geht nur um so sicherer und schimpflicher unter."

So sprach der vielgeprüfte, würdevolle Mann, im Bewußt= sein innerer Selbständigkeit und ging eben so heiter auf einen Tadel von Byrons Erde und Himmel über.

Sonnabends, 4. October.

Von 5 Uhr Nachmittags bei Goethe. Er war noch immer abgespannt und weniger mittheilend, selbst gegen Reinhard.

Schultz war krank. Goethe widersetzte sich keineswegs Rein= hards Abreise für nächsten Montag, aber als er weggegangen war, bat er mich, sie zu verhindern. Ich mußte ihm dann noch ganz spät „die Tante"[1] referiren und erntete Beifall.

Sonntags, 5. October.

Um 9 Uhr Morgens kündigte ich ihm den glücklichen Erfolg meiner Negotiation an, was ihn sehr freute. Ich nahm Ge= legenheit, den „ewigen Thee" wieder anzuregen, und fand mit Schrecken, daß er fast alles vergessen, was er mir Donnerstags Abends darüber gesagt hatte. Um 12 Uhr zeigte er mir die herrlichen Bilder des Himalaya=Gebirges. Er begehrte „die Tante" von mir, die ich sogleich verschaffte.

Abends nach Hof war ich nochmals bei ihm mit Reinhard, der von Johannes v. Müller und dessen letzten Tagen, in wel= chen er sich unter Reinhards Schutz flüchten wollte, erzählte.

Montag, 6. October.

Mittags bei Goethe, mit Reinhard und Riemer. Ueberrascht durch den Bremer Wein und meine Gedichte auf Goethe und

---

[1] Die Vossische Zeitung.

Reinhards Wiedersehen, ließ Reinhard seinen Empfindungen darüber viel freieren Lauf als Goethe, wiewohl er später mir innigst dafür dankte.

Auf einem Gange durch den Park klagte Reinhard über Goethe's Verschlossenheit und Abspannung; wir sprachen über Riemers witzige Sonette, besonders die Hasen, und Reinhard erzählte ergreifend aus der Schreckenszeit, in der Marat ausgerufen: „il saut faire diversion à ce peuple furieux en traduisant la philosophie de Kant", als Prinzeß Elisabeth auf dem Todeskarren vorbeifuhr. Auch erzählte er von Robespierre's Hinrichtung, der sich und die Republik identificirt habe, und schilderte die eigne, Colchens[1] und Otto's gefahrvolle Lage, in der jedes nächtliche Anpochen die Furcht vor Abholung in den Kerker erzeugt habe. Man wollte noch Millionen schlachten: pour épurer l'air.

Dann erzählte er von seiner Unterredung mit Napoleon zu Dresden im Jahr 1813. „Du moins la Saxe ne souffre que passagerement." „Fumez-vous?" sagte Bassano zu Reinhard „Non, Monseigneur. Mais c'est donc aussi une habitude allemande."

Diese Erinnerungen verdanke Reinhard den Tagebüchern, die er allen seinen Kindern führen lasse.

Dienstags, 7. October.

Diesen Mittag war Goethe, der mit Reinhard in Belvedere gewesen war, sehr heiter und lustig. Staatsrath Schultz aus Berlin speiste mit und hatte Goethen die Juno Ludovisi zum Geschenk überbracht. Ich las zum Nachtisch den ironischen Judenbrief[2] über den Einzug der Alliirten in Paris 1814 vor. Nachmittags ging ich mit Reinhard in Goethe's Ilmgarten. Das herrliche Wetter, die schöne Abendbeleuchtung, und ein singendes Gymnasiasten = Chor erregten Reinhards innerste Freude. Abends

---

[1] Graf Jean Victor, C., später Senator unter Napoleon. Vergl. Reinhards Lebensabriß von G. E. Guhrauer in Raumers Taschenbuch. Neue Folge 7. Jahrg. 1846. p. 218.

[2] Der Verasser ist Georg Harrys; der Brief gedruckt in dessen „Blitzableiter."

zeigte uns Goethe eine Unzahl seiner eigenen Zeichnungen und die herrliche Tischbein'sche Mappe mit dem sinnreichen Katalog, auch eine Zeichnung von Goethe's Zimmer zu Rom mit der Büste der Juno. „Sind Sie denn ein Dutzend, statt Einer, daß Sie so unglaublich Vieles machen konnten?" sagte Reinhard zu Goethe.

Im weitern Verlauf des Gesprächs äußerte Reinhard sich sehr lobend über des Baron Fain Memoiren.[1] Er glaube an die Vergiftungs-Anekdote von Fontainebleau. Napoleon habe kein wahres Selbstvertrauen auf sich gehabt, sei oft in den wichtigsten Momenten schwankend und unentschlossen gewesen, erst von Austerlitz an sei er zuversichtlicher, dann aber übermüthig geworden. Las Cases habe seinem Andenken eigentlich geschadet, indem er Alles überzuckern und beschönigen wolle, meist durch Berufung auf Absichten, die nicht in That übergegangen, uneingedenk jenes gewaltigen Byron'schen Ausspruchs: „Die Hölle ist mit guten Absichten gepflastert." Uebrigens sei Las Cases de bonne foi, aber eine Kammerdienerseele.

Sonnabends, 11. October.

Von 7½ — 9 Uhr Abends war ich ganz allein bei Goethe Wir sprachen über Reinhard, Zach, die Herzogin Mutter von Gotha, Herzog Ernst, Fr. v. Buchwald, Gotter, Prinz August und von v. Grimm. Letzterer habe ein ganz diplomatisches Ansehen gehabt, doch nicht die feierliche Repräsentation eines Gesandten, sondern die zusammengenommene Haltung eines Legationsrathes, die Schultern und den Kopf etwas vorwärts, was ihm recht gut gestanden. Er sprach über die schnelle, nur achttägige Bearbeitung des Clavigo, über Stella, deren früherer Schluß durchaus keiner gewesen, nicht consequent, nicht haltbar, eigentlich nur ein Niederfallen des Vorhangs. Goethe war zwar herzlich und mittheilend, jedoch innerlich gedrückt, sichtbar

---

[1] Manusc. de 1814 trouvé dans les voitures impériales prises à Waterloo etc. Paris 1823.

leidend. Seine ganze Haltung gab mir den Begriff eines unbe-
friedigten großartigen Strebens, einer gewissen innern Desperation.

Sonntags, 12. October.

Von 5½ — 6½ war ich mit Line v. Egloffstein bei Goethe.
Er sprach über Byrons „Cain" und „Himmel und Erde."
Letzteres Stück referirte er unvergleichlich mit vieler Laune und
Humor. Es sei viel faßlicher, klarer als das erste, was gar zu
tief gedacht, zu bitter sei, wiewohl erhaben, kühn, ergreifend.
Nichts gotteslästerlicher übrigens als die alte Dogmatik selbst, die
einen zornigen, wüthenden, ungerechten, parteiischen Gott vor-
spiegle.

Thomas Moore hat mir Nichts zu Dank gemacht; von
Walter Scott habe ich zwei Romane gelesen und weiß nun, was
er will und machen kann. Er würde mich immerfort amüsiren,
aber ich kann nichts aus ihm lernen. Ich habe nur Zeit für
das Vortrefflichste. „Die Rose von Jericho," die er sehr lobte,
und nicht zu verborgen gelobt haben wollte, versprach er denn
doch Linen zu borgen, wenn sie ihm eine freundliche Hand geben
und sie nicht weiter verleihen wolle.

Dienstags, 14. October.[1]

Heute war Theegesellschaft bei Goethe, an der Savigny mit
Frau und Tochter Theil nahmen. Seine fast kolossale Gestalt,
seine schlicht gescheitelten und rund herunterhängenden Haare,
sein ovales, kräftig freundliches Gesicht, haben etwas sehr Impo-
santes. Er erinnerte sehr an Otto von Wittelsbach von Eßlair.
Seine Vorliebe für Eichhorn trat klar zu Tage. Als ich ihm
von der jetzigen höhern Stufe der Jurisprudenz sprach, äußerte
er: das beste Zeichen sei, daß die wissenschaftlichen Juristen jetzt
rechte Freude an ihrem Studium hätten, denn nur wenn ein

---

[1] Vergl. das Gespräch bei Eckermann 1, 59, welches ganz andere
Momente darbietet.

Mann mit Heiterkeit, Liebe und Selbstzufriedenheit etwas treibe,
könne Tüchtiges gelingen.

Frau von Savigny, deren lebhaftes Auge noch jetzt schön
zu nennen, schien mir von angenehmstem, leichtem Ton zu sein;
sie sprach sehr gewandt und gemessen und war sehr behaglich in
der Mittheilung. Sie erzählte viel von Beethovens Singularitäten
und Geldverachtung. Goethe war durchaus munter.

Sonntags, 19. October.[1]

Zwischen dem Hof war ich bei Goethe. Anfangs war er
einsilbig, dann als Riemer gekommen, sehr lebhaft. Es wurde
von Raupachs Pedantismus in der Kritik und den drei ersten
Acten seines „verfehlten Ziels" gesprochen.

Das Gespräch über die von Hermann zusammengestellten
Fragmente der Euripideischen Niobe gab Anlaß, daß Goethe
dessen „Bachen" für sein liebstes Stück erklärte. Euripides hat
seine Naturphilosophie von Anaxagoras, sagte er. Auch gab er
eine geniale Karakteristik der Kirchengeschichte, die ein Product
des Irrthums und der Gewalt sei.

B. Die Lehre von der Gottheit Christi, decretirt durch das
Concilium von Nicäa, sei dem Despotismus sehr förderlich, ja
Bedürfniß gewesen.

Reinhards Geschenk des Tibull leitete auf ein sehr ernsthaf-
tes Gespräch über das „Ecce jacet Tibullus" und über den
Glauben an persönliche Fortdauer. Goethe sprach sich bestimmt
aus. Es sei einem denkenden Wesen durchaus unmöglich, sich
ein Nichtsein, ein Aufhören des Denkens und Lebens zu denken;
in so fern trage jeder den Beweis der Unsterblichkeit in sich selbst
und ganz unwillkürlich. Aber sobald man objectiv aus sich her-
austreten wolle, sobald man dogmatisch eine persönliche Fortdauer nachweisen, begreifen wolle, jene innere Wahrnehmung
philisterhaft ausstaffire, so verliere man sich in Widersprüche.

Der Mensch sei aber dem ohngeachtet stets getrieben, das
Unmögliche vereinigen zu wollen. Fast alle Gesetze seien Syn-

---

[1] Vergl. Eckermann 1, 62, der wesentlich ergänzt wird.

thesen des Unmöglichen; z. B. das Institut der Ehe. Und doch sei es gut, daß dem so sei, es werde dadurch das Möglichste erstrebt, daß man das Unmögliche postulire.

Freitags, den 24. October.[1]

Goethe gab eine große Abendgesellschaft jener interessanten polnischen Virtuosin, Mad. Marie Szymanowska zu Ehren, von der er uns schon so viel erzählt hatte und die gestern ihn zu besuchen mit ihrer Schwester, Casimira Wotowska hier angelangt war. Auf sie hat er zu Carlsbad[2] die schönen gemüthvollen Stanzen gedichtet, die er uns kürzlich vorgelesen und die seinen Dank dafür aussprechen, daß ihr seelenvolles Spiel seinem Gemüthe zuerst wieder Beruhigung schaffte, als die Trennung von Levezow ihm eine so tiefe Wunde schlug.

Goethe war den ganzen Abend hindurch sehr heiter und galant, er weidete sich an dem allgemeinen Beifall, den Mad. Szymanowska eben so sehr durch ihre Persönlichkeit, als durch ihr seelenvolles Spiel fand.

Dienstags, 28. October.

Heute war Concert bei Goethe. Ein Quartett von der Composition des Prinzen Louis Ferdinand und gespielt von Mad. Szymanowska gab Goethen zu den interessantesten Bemerkungen Anlaß. Er faßte, wie wohl ganz schüchtern, den Gedanken, daß die Künstlerin ein öffentliches Concert geben sollte, und forderte Schmidt, Coudray und mich auf, es auf alle Weise zu befördern.

Donnerstags, den 30. October.

Abends Concert bei Goethe.

[1] Vergl. Eckermann 1, 21.
[2] Müller meint wohl Marienbad. Das Gedicht: Goethe's Werke XV. 90

Dienstags, den 4. November.

Heute endlich, nach vielen Bemühungen und sich durchkreuzenden Hindernissen kam das öffentliche Concert der Mad. Szymanowska zu Stande. [1] Noch wenig Stunden vorher wäre das Unternehmen fast aus Mangel eines guten Instrumentes gescheitert, hätte nicht die Frau Großfürstin selbst das Ihrige großmüthig dargeliehen. Nach dem Concert soupirten wir mit Egloffsteins bei Goethe, der von der liebenswürdigsten Gemüthlichkeit war. Als unter mancherlei ausgebrachten Toasten auch einer der Erinnerung geweiht wurde, brach er mit Heftigkeit in die Worte aus:

„Ich statuire keine Erinnerung in Eurem Sinne, das ist nur eine unbeholfene Art sich auszudrücken. Was uns irgend Großes, Schönes, Bedeutendes begegnet, muß nicht erst von Außen her wieder er — innert, gleichsam er — jagt werden, es muß sich vielmehr gleich vom Anfang her in unser Inneres verweben, mit ihm eins werden, ein neueres besseres Ich in uns erzeugen und so ewig bildend in uns fortleben und schaffen. Es giebt kein Vergangnes, das man zurücksehnen dürfte, es giebt nur ein ewig Neues, das sich aus den erweiterten Elementen des Vergangenen gestaltet und die ächte Sehnsucht muß stets productiv sein, ein neues Besseres erschaffen.“ „Und, setzte er mit großer Rührung hinzu, — „haben wir dieß nicht alle in diesen Tagen an uns selbst erfahren? Fühlen wir uns nicht alle insgesammt durch diese liebenswürdige, edle Erscheinung, die uns jetzt wieder verlassen will, im Innersten erfrischt, verbessert, erweitert? Nein, sie kann uns nicht entschwinden, sie ist in unser innerstes Selbst übergegangen, sie lebt in uns mit uns fort und fange sie es auch an, wie sie wolle, mir zu entfliehen, ich halte sie immerdar fest in mir.“

Mittwochs, den 5. November.

Als ich Nachmittags zu Goethe kam, traf ich ihn noch mit Mad. Szymanowska zu Tische sitzend; sie hatte eben an die ganze Familie bis zu dem kleinen Wolf herab, ihrem Liebling,

[1] Vergl. über das Concert das Referat im Journal für Litteratur, Kunst, Luxus und der Mode. 1823. Nr. 109.

die zierlichsten kleinen Abschiedsgeschenke, zum Theil eigner Hände Arbeit, ausgetheilt, und der alte Herr war in der wunderbarsten Stimmung. Er wollte heiter und humoristisch sein, und überall blickte der tiefste Schmerz des Abschieds durch.

B. Unentschieden ging er nach Tische hin und her, verschwand, kam und ging wieder. Dann zeichnete er sich in das Stammbuch der Casimira ein. Rappelez-moi au souvenir de tout le monde, moi aussi je demanderai à tout le monde des nouvelles de vous.

[1]Um 5 Uhr war sie zur Abschiedsaudienz bei der Frau Großfürstin bestellt, wo sie, der Hoftrauer entsprechend, ganz schwarz gekleidet erschien, was für Goethe den Eindruck noch erhöhte. Der Wagen fuhr vor und ohne daß er es bemerkte war sie verschwunden. Es schien zweifelhaft, ob sie noch einmal wieder käme.

Da trat das Menschliche in Goethen recht unverhüllt hervor; er bat mich aufs Dringendste zu bewirken, daß sie nochmals wieder erscheinen, nicht ohne Abschied scheiden möchte. Einige Stunden später führten der Sohn und ich sie und ihre Schwester zu ihm.

„Ich scheide reich und getröstet von Ihnen, — sagte sie zu ihm — Sie haben mir den Glauben an mich selbst bestätigt, ich fühle mich besser und würdiger, da Sie mich achten. Nichts von Abschied, nichts von Dank; lassen Sie uns vom Wiedersehen träumen. O, daß ich doch schon viel älter wäre und hätte einen Enkel bald zu hoffen, er müßte Wolf heißen, und das erste Wort, das ich ihn stammeln lehrte, wäre Ihr theurer Name." Comment, erwiederte Goethe, vos compatriotes ont en tant de peine à chasser les loups de chez eux, et vous voulez les y reconduire? Aber alle Anstrengung des Humors half nicht aus, die hervorbrechenden Thränen zurückzuhalten, sprachlos schloß er sie und ihre Schwester in seine Arme und sein Blick begleitete sie noch lange, als sie durch die lange offene Reihe der Gemächer entschwand.

„Dieser holden Frau habe ich viel zu danken, sagte er mir später, ihre Bekanntschaft und ihr wundervolles Talent haben mich zuerst mir selbst wiedergegeben.

[1] Von hier an wieder Müllers Zusammenstellung.

Donnerstags, 6. November.

Goethe war in der Nacht erkrankt, heftigster Husten mit
Brustfieber hatten sich eingestellt.

Mittwochs, 12. November.[1]

Wilhelm v. Humboldt war diesen Morgen auf einige Tage
hier angelangt. Ich traf ihn Nachmittags bei Goethe. Er erzählte ausführlich und mit vieler Laune die Details der Geschichte
der nach dem zweiten Pariser Frieden (1815) erfolgten Resti-
tution der von Napoleon entführten deutschen Kunstschätze.

Dienstags, den 18. November.

Ich hatte mich mit Wilhelm v. Humboldt zu einem Abend-
besuch bei Goethe eingefunden, den wir sehr ermattet und von
heftigem Krampfhusten gequält fanden. Ihn zu zerstreuen und
zu erheitern, erzählte Humboldt tausend Interessantes aus seiner
politischen Laufbahn und führte besonders die Persönlichkeiten des
Cardinals Consalvi, der Fürsten Schwarzenberg und Metternich
uns vorüber. Er rühmte des Letztern unglaubliche Gewandtheit
in Benutzung des Augenblicks und im Captiviren der einfluß-
reichsten Personen. Von dem entscheidenden Marsch der alliirten
Heere nach Paris zu Ende des März 1814 behauptete er, daß
General Grolmann die erste Idee dazu gegeben, Blücher sie lebhaft ergriffen und durchgesetzt habe. Auf meine Bemerkung, daß
es ewig Schade sein würde, wenn er den Reichthum seiner politischen Beobachtungen nicht für die Nachwelt niederschriebe, äußerte er im anspruchslosesten Tone: daß er nie Memoires oder
auch nur Notizen niedergeschrieben habe. Geschäft und Schreiben
seien ihm stets himmelweit verschieden erschienen und nur in wissenschaftlichen Dingen oder im Kunstfache habe er sich zu Letzterem entschließen können.

[1] Vergl. Eckermann 1, 81, der wesentlich ergänzt wird.

Am 21. November

erhielt ich folgendes Billet von Goethe:

„Mit aufrichtigstem Dank für die bisherige so freundliche Unterhaltung und Assistenz, muß leider anzeigen, daß die Aerzte streng und ausdrücklich alle Abendbesuche abzulehnen geboten haben. Wie viel ich dabei verliere, ist Ihnen am besten bekannt. Gegen Mittag jedoch würde mir auf Augenblicke Ihre Gegenwart höchst erfreulich sein, nur bitte mich von allem Sprechen zu dispensiren."

Sonntags, den 23. November.

Als ich heute gegen Mittag Goethe besuchte, und ihm von dem gehässigen Benehmen der Würzburger gegen Heine und dessen orthopädische Anstalt erzählte, sagte er:

„Das ist die alte Erfahrung; sobald sich etwas Bedeutendes hervorthut, alsobald erscheint als Gegensatz die Gemeinheit, die Opposition. Lassen wir sie gewähren, sie werden das Gute doch nicht unterdrücken." Bei mir ist an keine Besserung zu denken, so lange ich, wie schon seit vielen Tagen nicht im Bette schlafen kann. Die Krankheit ist eben auch ein absolutes Uebel. Welch ein Zustand! welch eine Qual, ohne Morgen und Abend, ohne Thätigkeit, ohne klare Idee! Aber besucht mich nur immer Mittags ein wenig, damit man doch noch denken möge, zusammen zu gehören.

Dienstags, 25. November.

Ein Paar ungemein genußreiche Stunden schenkte mir diesen Morgen der treffliche, biedere Zelter durch seinen Besuch.

Wie doch alles so klar, so kräftig, so durchschlagend ist, was er spricht. Höchst betrübt gestern über Goethe's Anblick bei seiner Ankunft, schöpfte er heute Hoffnung und gründete sie auf den ganzen Habitus des Patienten.

„Auch ich werde einmal schnell weg sein, ich bin zwar erst 65 Jahre, aber es hapert schon in manchen Punkten gewaltig.

Nun, wie Gott will, ich bin jede Stunde fertig, nur schnell, wie
durch Blitzes Kraft."

Um vor allem politischen und ästhetischen Andrang desto
sicherer zu sein, — hatte ich Goethe von Marienbad geschrieben
— habe ich mich auf sechs Wochen in die Dienste eines schönen
Kindes begeben. „Ich war mein Lebenlang, fuhr Zelter fort,
immer verliebt und oft gut aufgenommen, aber meinen Kindern
fiel nicht ein, zu glauben, daß ich wieder heirathen wolle. Meine
erste Frau, eine schöne Wittwe, heirathete ich meiner Mutter zu
Liebe, die 17 Jahre gichtbrüchig darnieder liegend sich bei ihrer
Pflege besonders wohl befand. Meine zweite Frau sang wie ein
Engel und wußte jedem Gedicht und jeder Composition erst die
rechte Seele zu geben. Die Leute wundern sich oft, wie ich so
gut mit Goethe stehe, der doch so viel höher und tiefer als ich
ist. Ich bin rauh, gerade angehend, ja grob, eigensinnig, heftig,
aber ich habe ein Gemüth und ein offenes Auge. Je nun, ich
habe mich ja selbst fördern müssen, was ich bin, habe ich ergeizt
und erkargt, vom Maurergesellen an. Ich kenne aber Goethe
durchaus und habe oft seine dunkeln Gedichtsstellen richtig er-
rathen, oft erst durch mein Componiren derselben. Z. B. das
Gedicht im Divan, was Goethe machte, als seine Frau [1] im
Sterben war. Goethe ist wie ein Kind, er giebt, was er hat;
im Wissenschaftlichen, — da schreien die Philister-Gelehrten, er
pfusche in Alles. Nun, wenn Ihr dasselbe oder Besseres wußtet,
Ihr Esel, warum gabt Ihr's nicht? Warum seht Ihr nicht auch
Goethen so richtig als ich? Als ich Faschens Leben [2] schrieb,
wunderten sich viele, daß Ihnen der Mann vorher nicht so bedeutend erschienen war. Dann erzählte er die rührende Geschichte
seines alten Freundes Poussin, der eben im Begriff war, für
immer zu Zeltern zu reisen und seinen Töchtern sein ganzes
Vermögen zu vermachen, als der Tod ihn überraschte. — Er
sprach über die Unkunde der Metriker in der wahren Metrik der
Natur. „Käme," sagte er, „das Weltall einen Augenblick aus
seinem Metrum, gleich müßte Alles zu Grunde gehen."

[1] † 6. Juni 1816. Ist es vielleicht das Gedicht: „Deinem Blick
mich zu bequemen ⁊c."?

[2] Karl Fr. Ch. Fasch, kgl. preuß. Kammermusikus. Berlin 1801.

Niemand, fuhr er fort, hatte tiefern Sinn für Musik als Schiller. Es wurde mir sehr schwer seine Bekanntschaft zu machen. Im Jahre 1802, als ich nach Weimar kam, wagte ich es zu ihm zu gehen, obgleich man mir sagte, er lasse sich sehr ungern sprechen. Frau von Schiller empfing mich, die Thüre des Nebenzimmers stand ein wenig offen, und ich vermuthete gleich, daß Schiller sich verberge. Darauf fing ich an von meinen Compositionen seiner Gedichte zu sprechen, und bat um Erlaubniß, den Taucher auf dem Klavier vorzuspielen.[1] Ich mochte etwa fünf Minuten gespielt haben, als ich merkte, daß ein Kopf durch die Thürspalte herein horche. Ich kräftig fortspielend — auf einmal springt Schiller halb ungekleidet herein auf mich zu, umarmt mich heftig und ruft bewegt aus: „Sie sind mein Mann, Sie verstehen mich." Seitdem sind wir dicke Freunde geblieben bis zu seinem Tode.

B. Den 15. December.

Heute war ich eine Stunde bei Goethe, der ziemlich munter war. Er war etwas ärgerlich über die Recension des Concerts der Madame Szymanowska im Berliner Blatt,[2] und kam, an die Geschwister denkend, darauf, uns von dem Entstehen seiner Geschwister zu erzählen. Ich entwarf sie auf einer kleinen Reise nach Thalbürgel, wo ich den Großherzog besuchte. In wenig Tagen waren sie fertig; es reut mich, daß ich damals nicht ein Dutzend ähnlicher Stücke hingeworfen habe, aber ich gerieth bald auf die Iphigenie und ward viel ernster. Die Geschwister führte ich dann auf einem kleinen Privattheater mit Dem. Kotzebue (Madame Gildemeister) selbst auf, nicht ohne wechselseitige Neigung. Sie war anmuthig, naiv, weit mehr als ihre Tochter, die etwas kurz Angebundenes hat. Der nachmalige Staatsrath Kotzebue machte in Stella den Postillon. Beim Weggehen bat Goethe mich mit seinen Freunden zu verabreden, daß jeder abwechselnd an den Abenden allein ihn aufsuche, weil das Hin- und Herreden Mehrerer ihn betäube oder zu sehr aufrege.

[1] Vergl. die Erzählung in Goethe-Zelters Briefw. VI. 66.
[2] Berliner Nachrichten 1823. Nr. 149.

B. Den 29. December.

Ich fand heute Goethe allein. Nach Besichtigung einiger
Kupferstiche sprach er über Hamann und seine Briefe an Jacobi.
Hamann war seiner Zeit der hellste Kopf; er wußte wohl, was
er wollte. Aber er hielt immer biblische Sprüche und Stellen
aus den Alten vor wie Masken, und ist dadurch vielen dunkel
und mystisch erschienen. Mir ist die populäre Philosophie stets
widerlich gewesen, deßhalb neigte ich mich leichter zu Kant hin,
der jene vernichtet hat. Aber mit seiner Kritik der Vernunft
habe ich mich nie tief eingelassen.

B. Den 9. Januar 1824.

Von 6½ bis gegen 9 Uhr — etwas zu lang — war ich bei
Goethe, der sich in der Hinterstube aufhielt. Mein Bemühen für
die Frau Szymanowska einen Empfehlungsbrief an Humboldt
zu erhalten, war vergeblich. Endlich, meinte er, müsse man
schreiben:[1] Da Sie zu den Naturforschern gehören, die Alles
durch Vulcane erzeugt halten, so sende ich Ihnen einen weiblichen Vulcan, der Alles vollends versengt und verbrennt, was
noch übrig ist.

Den 20. Januar.

Ich war zu Mittag bei ihm, bloß Ulrike und Walther
speisten mit.

Die Jenaischen Jubiläumsfestlichkeiten und Gedichte auf
Lenz gaben den nächsten Stoff zum Gespräch. Er fand viele
Freude an dem handschriftlichen Gedicht eines Studenten aus
Gotha, der Dichter habe sich den Ueberblick seines ganzen reichen
Gegenstandes verschafft, und nur so könne man etwas Tüchtiges
leisten.

Vom künftigen Jubelfeste des Großherzogs, 3. September
1825, sprachen wir viel, da mir daran gelegen war seine Ideen

[1] Am 1. Februar sagte er erst definitiv zu.

zu erforschen. Ich schlug Medaille, Triumphbogen, Versammlung von Deputirten aus allen Ortschaften vor. Zur Medaille, wenn das Bild des Fürsten darauf geprägt werden sollte, meinte er, bedürfe es durchaus der Einwilligung des Großherzogs selbst. Ueberraschung dürfe ohnehin bei einem Fürsten nicht statuirt werden.

Die Idee des Triumphbogens am Eingange des Schloß= hofes sprach ihn sehr an, Repräsentanten des Landes aber seien langweilig, wenn nicht schöne Repräsentantinnen dazu kämen.

Nach Tische sprachen wir wohl noch anderthalb Stunden stehend. Er war sehr gemüthlich und heiter. Der Zustand der Mineralogie sei jetzt gar zu wunderbar. Leonhard[1] und Andere, die früher auf rechtem Wege gewandelt, hätten sich selbst zu über= bieten gesucht und verirrt. Mit Recht nenne man die physikali= schen Wissenschaften die „exacten," weil man die Irrthümer darin klar nachweisen könne. Im Aesthetischen, wo Alles vom Gefühl abhänge, sei dieß freilich nicht möglich. Fürs Aesthetische bin ich eigentlich geboren, doch jetzt zu alt dazu, wende ich mich den Naturstudien immer mehr zu.

Er zeigte ein schönes, dem Großherzoge verehrtes, antikes Schild, etwa aus dem sechzehnten Jahrhundert, und ein scherz= haftes Collectivgedicht von Tiefurter Genossen aus den Jahren 1780 an den damals mit ihm zu Ilmenau hausenden Herzog, das er jetzt erst aufgefunden und dem Erbgroßherzog zum 2. Fe= bruar zu verehren Willens sei. Eine zierliche Dedication im La= pidarstyl, eine erklärende Einleitung, ein Verzeichniß der ver= schiedenen Verfasser, gleichsam einen Theaterzettel; zum Schlusse hatte er sinnig dazu geschrieben, das Ganze elegant in dunkel= rothes Maroquin=Papier mit grünseidenen Schleifen einbinden lassen.[2] Viel erzählte er dann von „Alonzo et la révolution d'Espagne," historischer Roman in vier Bänden à la Walter Scott, woraus er nun seit vierzehn Tagen viel Aufklärung über die innern Zustände Spaniens geschöpft. Er lobte die

---

[1] Carl Cäsar, v., geh. Rath, Professor der Mineralogie und Geo= logie zu Heidelberg.

[2] Alles vergebens desselben habhaft zu werden. Im großherzogl. Hausarchive, wo wir es vermuthen müssen, ist es nicht.

Darstellungsweise höchlich; mir rieth er ab, meine Zeit daran zu
wenden und erweckte doch immer die Lust dazu von Neuem. Als
ich ihn über die Schicklichkeit eines besondern Gedichtes für die
englischen Dichtergestalten zum nahen Maskenballe befrug, billigte
er meine Scrupel und schlug Mittheilung an Riemer zur Auf=
nahme in sein größeres Gedicht vor.   Er sei selbst geneigt, wenn
ein schönes Kind ihn darum begrüße, einige anonyme Verse zu
spenden.

Lange war er nicht so redselig, so gemüthlich mittheilend, so
ruhig heiter gewesen.

Sonnabends, 14. Februar.

Als ich heute mit Goethe über die zahmen Xenien in seinem
neuesten Hefte Kunst und Alterthum sprach, äußerte er: Ich
gebe gern von Zeit zu Zeit eine Partie solcher Reimsprüche aus;
Jeder kann nach eigener Lust eine Erfahrung, einen Lebenszu=
stand hineinlegen oder daran knüpfen; sie kommen mir oft in der
wunderbarsten Anwendung wieder zurück und bilden sich lebendig
immer weiter aus.   Hat man doch auch aus der Bibel, aus
Horaz und Virgil Denksprüche auf fast alle Ereignisse des Lebens.

Wir kamen auf die Paria's=Gedichte zu sprechen und auf
den ewigen Hang der Menschen zu Unterscheidung der Kasten.
Jeder Mensch, sagte er, schlägt die Vortheile der Geburt bloß
deßwegen so hoch an, weil sie etwas Unbestreitbares sind. Alles
was man erwirbt, leistet, durch Anstrengung verdient, bleibt da=
gegen ewig von der Verschiedenheit der Urtheile und Ansichten
abhängig.

„Eine Aussöhnung hierüber ist vergeblich, macht das Uebel
nur schlimmer, wie es z. B. die Bürger mit dem Luxus einer
Hoftafel nicht versöhnt, wenn man einige aus ihrer Mitte zu=
weilen daran Theil nehmen läßt."   Das Gespräch wandte sich
auf Napoleon und Goethe's Gespräch mit ihm, zu dessen Nieder=
schreibung ich ihn lebhaft antrieb. Er meinte, ich solle doch nur
erst meine eigenen Memoires aus jener Zeit niederschreiben,
recht gegenständlich, ohne alle subjective Einmischung; das werde
auch ihn dann zu Darstellungen aus jener Zeit aufregen.

Am andern Morgen bekam ich ein Billet von ihm mit den Worten:

Sie haben mir gestern einen Floh hinters Ohr gesetzt, der mich nicht schlafen ließ. Ich stand um fünf Uhr auf und entwarf die Skizze jener Unterredung mit Napoleon. Zur Strafe aber, daß Sie mich dazu verleitet, secretire ich mein Product.[1]

Den 8. März.

Ich traf ihn um 4 Uhr ganz alleine und sehr gemüthlich. Zuerst zeigte er mir sein neu zusammengebrachtes Münzcabinet ephemerer und erloschener Souverainetäten, Iturbidens Wappen mit einem Adler auf dem Cactus, schöne kleine Münze von Columbia.

Das Gespräch fiel auf Selbstkenntniß. Ich behaupte, der Mensch kann sich nie selbst kennen lernen, sich nie rein als Object betrachten. Andre kennen mich besser als ich mich selbst. Nur meine Bezüge zur Außenwelt kann ich kennen und richtig würdigen lernen, darauf sollte man sich beschränken. Mit allem Streben nach Selbstkenntniß, das die Priester, das die Moral uns predigen, kommen wir nicht weiter im Leben, gelangen weder zu Resultaten noch zu wahrer innerer Besserung.

Doch will ich diese Ansicht nicht eben für ein Evangelium ausgeben. Was sind travers? Falsche Stellungen zur Außenwelt. Wer hat sie nicht? Jede Lebensstufe hat die ihr eignen.

Riemer kam späterhin zu uns. Ich erzählte, Schmidt sei von Mad. Milder höchsteingenommen, sie übersteige Alles, was seine Phantasie sich von einer vollkommenen Sängerin gedacht.

Ganz natürlich, sagte Goethe, denn die Phantasie kann sich nie eine Vortrefflichkeit so vollkommen denken, als sie im Individuum wirklich erscheint. Nur vager, neblicht, unbestimmter, grenzenloser denkt sie sich die Phantasie. Aber niemals in der karakteristischen Vollständigkeit der Wirklichkeit. Es erregt mir daher immer Schmerz, wenn man ein wirkliches Kunst oder Naturgebilde mit der Vorstellung vergleicht, die man sich davon gemacht

---

[1] Vergl. das Gespräch vom 9. Juli 1814.

hatte, und dadurch sich den reinen Genuß des erstern verküm-
mert. Vermag doch unsere Einbildungskraft nicht einmal das
Bild eines wirklich gesehenen, schönen Gegenstandes getreu wiederzugeben; immer wird die Vorstellung etwas Neblichtes, Ver-
schwimmendes enthalten.

Auf meine Klage, daß diese Beschränkung unsrer Natur uns
so viel Herrliches entziehe, erwiederte er: Ei, das ist ja ein Glück,
was würden wir anfangen, wenn alle die unzähligen Empfindungen, die uns z. B. ein Hummel'sches Spiel gibt, uns fort
während blieben? dann würden ja auch die vergangenen Schmerzen
immerfort uns peinigen. Seien wir froh, daß für das Gute,
Angenehme doch immer noch ziemlich viele Reproductionskraft in
uns wohnt.

Das Gespräch fiel wieder auf Alonzo, dessen Pietät und milde
Religiosität, ohne Frömmelei, er ungemein hervorhob. Der Fr.
v. Helvig neueste Uebersetzung schwedischer Gedichte fand ebenfalls seinen großen Beifall, und dann ward Byrons Kain und
Sündfluth abermals analysirt. Ich begreife recht, wie ein so
großes Genie sich nach so vielen herrlichen Productionen überall
ennuyiren konnte und daher die griechischen Angelegenheiten nur
als einen neuen Zeitvertreib leidenschaftlich ergriff.

Zugleich bat er mich, ihm einen Artikel aus dem Moniteur
über Kain zu übersetzen, um seine eignen Aeußerungen über dieses
Werk in Kunst und Alterthum „zu retouchiren." So oft die
Franzosen, setzte er hinzu, ihre Philisterei aufgeben und wo sie
es thun, stehen sie weit über uns im kritischen Urtheil und in
der Auffassung origineller Geisteswerke. Interessant ist Alles,
was uns interessirt.

Den 16. März.

Von 5 — 7 Uhr war ich bei ihm erst allein, dann mit Soret.

Das Gespräch fiel auf Kirmsens Abgang von der Theater-
Intendanz.

Ei nun sagte er, Kirms hat sich in einer Zeit Verdienste
erworben, wo es noch galt zu sparen, mit Wenigem viel zu machen.
Ich hatte keinen Heller für meine Direction, ich wendete noch viel
Geld daran, die Acteurs herauszufüttern und genoß das Vorrecht

eines Souverains, genereus zu sein nach Herzenslust. Ja wir
sind aus einer alten, andern Zeit her und brauchen uns ihrer
nicht zu schämen.

Heute war ich nach langer Zeit wieder in meinem Park=
garten; gerne würde ich öfter dort verweilen, wenn es nur nicht
zu viel Apprehension gäbe. Die alten selbstgepflanzten Bäume,
die alten Erinnerungen machen mir aber ganz unheimliche Ein=
drücke. Drei[1] ganze Jahre habe ich förmlich dort gewohnt, und
bin oft nach der Redoute des Nachts im Tabaro hinausgelaufen.
Nie habe ich meine Naturstudien so innig als dort getrieben, die
Natur mit ganz andern Augen geschaut und sie in jeder Stunde
des Tags und der Nacht belauscht.

Wir kamen auf seine Ilmenauer Bergbaurede[2] zu sprechen
und meine Analyse derselben an Soret machte ihm Lust, sie selbst
wieder zu lesen, wiewohl er meinte, daß ich wohl in meine Dar=
legung Vieles aus dem neunzehnten Jahrhundert hineingetragen
habe.

Ich kam höchst unwissend in allen Naturstudien nach Weimar
und erst das Bedürfniß, dem Herzog bei seinen mancherlei Unter=
nehmungen, Bauten, Anlagen, praktische Rathschläge geben zu
können, trieb mich zum Studium der Natur.

Ilmenau hat mir viele Zeit, Mühe und Geld gekostet,
dafür habe ich aber auch etwas dabei gelernt und mir eine An=
schauung der Natur erworben, die ich um keinen Preis um=
tauschen möchte. Mit allen Naturlehrern und Schriftstellern ge=
traue ich mir es aufzunehmen; sie scheuen mich auch alle, wenn
sie schon oft nicht meiner Meinung sind.

Mittwochs, 24. März.

„Es ist doch besser schlechtes Wetter, als gar keines," soll Prinz
August von Gotha einst gesagt haben. Dies war heute ein
Haupttext der Goethe'schen Unterhaltung.

[1] In Wahrheit 9 Jahre. (Schöll.)

[2] Vom 24. Februar 1784. Das vollständigste und sehr werth=
volle Exemplar der Druckschriften über den Ilmenauer Bergbau habe
ich aus Materialien des Geh. St. Archivs in Weimar zusammengestellt.
(Bibl. des genannt. Archivs.)

Er sagte, dieser Spruch falle ihm immer ein, wenn er sich über etwas Unvollkommenes ärgere.

So über die schlechte Außenseite der hiesigen Bibliothek. Nie habe er ein Wort darüber verloren, ob er wohl kaum zweifle, daß es ihm leicht gewesen sein würde, den Fürsten zur Abhülfe des Uebelstandes zu vermögen.

Schon Schiller habe 1802 an Humboldt geschrieben: „wenn Goethe nur einen Funken Glauben hätte, so würden manche Sachen hier sich bessern lassen ꝛc."

Viel wurde über die Jubelfeier des Großherzogs gesprochen, besonders über die zu schlagende Medaille; Goethes Neigung zum Regiren und seine ungläubige Neutralität traten wieder recht entschieden hervor. Eine untergehende Sonne über einem Meere, sagte er mit der Legende: „Auch im Untergehen bleibt sie dieselbe" (nach Nonnus) [1], wäre ein für allemal das großartigste Symbol, aber wer wollte dazu rathen?

Ueberhaupt war er heute in jener bitter humoristischen Stimmung und sophistischen Widerspruchsart, die man so ungern zuweilen an ihm wahrnimmt. Ueber Gruithusens Behauptung im Monde eine Festung entdeckt zu haben, gerieth er ganz außer sich.

Den Unsinn verbreitet, offenbare Irrthümer als baare Wahrheit ausgegeben zu sehen, ist das Schrecklichste, was einem Vernünftigen begegnen kann. So ist aber die liebe Menschheit. Indeß muß sie Gott wohl nicht anders haben wollen, sonst hätte er anders mit ihr angefangen.

---

[1] Von Nonnus ist der gemeinte Pentameter:

ΛΥΟΜΕΝΟΣ ΓΑΡ, ΟΜΩΣ ΗΛΙΟΣ ΕΣΤΙΝ ΕΤΙ

nicht, sondern er steht in der im Jahre 1817 erschienenen, Goethe gewidmeten Schrift des spätern Grafen Uwarow: Nonnus von Panopolis der Dichter (St. Petersburg 1817). Wieder gedruckt in den Études de Philologie et de Critique 1843 pag. 169 sq. Diese Schrift schließt mit den Worten: Die Poesie der Griechen ist die merkwürdigste Erscheinung der gesammten Civilisation und der Geist der Alten bleibt selbst in seinem Sinken unerreichbar hoch. Darauf folgt der Pentameter, von dem Goethe geglaubt haben mag, daß er von Nonnus sei.

Sonnabends, 3. April.

Von 6½—8½ war ich mit Riemer bei ihm. Er dankte sehr für Mittheilungen interessanter Pariser Blätter, verbat sie sich aber doch, weil sie ihn zu sehr zerstreuten und gleichwohl nicht genug förderten. Quatremère de Quincy, sagte er, hat im richtigen Gefühl, daß die gewöhnliche Nachahmungstheorie falsch sei, eine Formel gesucht, aber die richtige nicht gefunden.

Die Nachahmung der Natur durch die Kunst ist um so glücklicher, je tiefer das Object in den Künstler eingedrungen und je größer und tüchtiger seine Individualität selbst ist. Ehe man andern etwas darstellt, muß man den Gegenstand erst in sich selbst neu producirt haben.

Darauf kam er auf Geh. Rath Wolf zu sprechen. „Dieser Freund ist, äußerte er, oft der unverträglichste, unleidlichste aller Sterblichen durch sein ewiges Negiren; deßhalb bin ich so oft mit ihm zerfallen. Wenn er kommt, ist es als wenn ein beißiger Hund, ein reißendes Ungethüm ins Haus träte. Ich kann wohl auch bestialisch sein und verstehe mich gar sehr darauf; aber es ist doch verdrießlich, die rauhe Seite herauskehren zu müssen. Oft hatte ich etwas von ihm gelernt; wenn ich es nach zwei Tagen wieder vorbrachte, behandelte er es wie die größte Absurdität. Einst war ich mit ihm im Bade zu Tennstedt, als mein Geburtstag herannahte, da betrog ich ihn um einen ganzen Tag im Kalender und machte, daß er am 27. August abreiste; denn mir war Angst, er würde mir an meinem Geburtstage abläugnen, daß ich geboren sei.[1] Bitter klagte er über den gestörten häuslichen Frieden durch Ulrikens höchst bedenklichen Unfall. Doch wer nicht verzweifeln kann, muß nicht leben; nur feige sich ergeben, sei ihm das Verhaßteste. Ich will nicht hoffen und fürchten, wie ein gemeiner Philister, setzte er hinzu; daher ist das Geschwätz der Aerzte und ihr Trösten mir am allermeisten zuwider.

Klingers Erklärung[2] in den öffentlichen Blättern gegen Glower

---

[1] Vergl. Goethe-Zelter Briefw. II. 336: Jener, im Widerspruch ersoffene, hätte mir am Ende gar zur Feier meines Festes behauptet, ich sei nie geboren worden. Vergl. über das Verhältniß Beider die Einl. zu Goethe's Briefen an Fr. Aug. Wolf, herausgeg. von M. Bernays.

[2] Sie bezieht sich auf die pseudonyme Schrift „Goethe als Mensch

zu Gunsten Goethe's freute ihn sehr. Er verglich sie mit Huttens
Schrift „Epistolae obscurorum virorum" zu Gunsten Reuchlins.
Großes Lob spendete er Wielands schönen Billets, die er mir lesen
zu lassen versprach.

B. Montag, den 19. April.

Heute waren G. R. Wolf, Röhr, Coudray und Rehbein zum
Diner bei Goethe. Letzterer war heiter und ironisch, während Wolf
weit sanfter, doch voll beißender Wortspiele war. Als Wolf das
Berliner Theater tadelte, sagte Goethe: Zu den Kirschen muß man
nur Kinder und Sperlinge schicken.

B. Mittwoch, den 21. April.

Mit Wolf machte ich Besuch bei Goethe, der heute sehr launig
war und Wolfen ironisirte. Ihr Diätfehler ist gar nicht schuld
an Ihrem Uebelsein; es ist ein bloßer Ausfluß Ihrer Höflichkeit,
weil Sie zu Hofe gewesen und den Großherzog nicht herab zu sich
in den Schloßhof bestellt haben. Ueberhaupt geht die Krankheit
dem Menschen gar nichts an, er muß sie ignoriren, nur die
Gesundheit verdient remarquirt zu werden.

und Schriftsteller. Litter. Conversationsblatt. 1824. Nr. 97. Abgedr.
bei Nicolovius über Goethe S. 312. Ueber das pseudonyme Machwerk
vergl. Dünter in den Blättern für litter. Unterh. 1866 Nr. 7. — Eine
Erklärung Klinger's steht z. B. in der Abendzeitung 1824 Nr. 81, wo
es heißt: Unter dem Postzeichen: Wolfenbüttel wurde mir durch die Post
folgende Schrift zugesandt: Goethe als Mensch und Schriftsteller ꝛc. ꝛc.
von Friedr. Glower, engl. Oberstlieutenant. 2. Aufl. Halberstadt 1824.
Der genannte Autor sowohl als der Uebersetzer, Commentator dieser
Schrift an mich, sind mir völlig unbekannt. Auch spricht sich diese
Schrift wie alle Schriften dieser Art das Urtheil selbst; da aber nach
dem Titelblatt eine gedruckte Zueignung auf einem Blatte ohne weitere
Unterschrift an mich folgt, da ich Freund und Verehrer Goethe's von
früher Jugend und im späten Alter bin, so erkläre ich hiermit öffentlich;
dieser Zueignung versage ich die Annahme, die Schrift selbst hat mein
höchstes Mißvergnügen erregt und das Urtheil über die Schicklichkeit der
Zueignung an mich überlasse ich dem deutschen Leser, St. Petersburg,
27. Februar 1824. General-Lieutenant, Fried. Maxim. Klinger.

Am Pfingsttage, 6. Juni

besuchte ich ihn Nachmittags nach Hoftafel. Er saß im Hemde-
ärmel und trank mit Riemer. „Ersteres war Ursache, daß er
Gräfin Line Egloffstein nicht annahm. Sie möge doch, sagte er
zu Ottilien, des Abends zu mir kommen, nicht wenn Freunde
da sind, mit denen ich tiefsinnig oder erhaben bin." Nicht leicht
habe ich ihn geistreicher und lebhafter gesehen.

Einige Anekdoten, die ich von Kirchnern[1] in Frankfurt erzählte,
brachten das Gespräch auf Humor.

„Nur, wer kein Gewissen oder keine Verantwortung hat,
sagte er, kann humoristisch sein. Musäus konnte es sein, der
seine Schule schlecht genug versah und sich um Nichts und um
Niemand bekümmerte. Freilich humoristische Augenblicke hat wohl
Jeder; aber es kommt darauf an, ob der Humor eine beharrliche
Stimmung ist, die durchs ganze Leben geht.

Wahrscheinlich deßwegen — sagte ich — weil dem Humoristen mehr an seiner Stimmung, als an dem Gegenstand gelegen ist; weil er jene unendlich höher, als diese, anschlägt."
Ganz recht commentirt, erwiederte er, und sogar ganz in meinem Sinne.

Wieland z. B. hatte Humor, weil er ein Skeptiker war und
den Skeptikern ist es mit Nichts ein großer Ernst. Wieland
hielt sich Niemandem responsabel, nicht seiner Familie, nicht seinem Fürsten und handelte auch so. Wem es aber bitterer Ernst
ist mit dem Leben, der kann kein Humorist sein. Wer untersteht
sich denn Humor zu haben, wenn er die Unzahl von Verantwort-
lichkeiten gegen sich selbst und Andere erwägt, die auf ihm lasten?
Wenn er mit Ernst gewisse bestimmte Zwecke erreichen will? Unter
den großen Staatsmännern hat bloß der Herzog von Ossuna
Humor gehabt, aber aus Menschenverachtung. Doch damit will
ich den Humoristen keine Vorwürfe machen. Muß man denn
gerade ein Gewissen haben? Wer fordert es denn?

---

[1] Anton Kirchner, Pfarrer, der Geschichtsschr. Frankfurts. Vergl.
Heyden, Gallerie berühmter und merkw. Frankfurter S. 142.

Ich führte an, daß irgend ein Schriftsteller[1] gesagt habe „der Humor sei nichts anders als der Witz des Herzens."

Goethe ergrimmte aufs Heftigste über die Redensart „Nichts anders."

So schrie er, sagte einst Cicero:

„Die Freundschaft ist nichts anderes als rc." O du Esel, du einfältiger Bursche, du heilloser Kerl, der nach Griechenland läuft, um Weisheit zu holen und nichts Klügeres als jene unsinnige Phrase herausbringt. „Nichts anderes." Lauter Negation, lauter Herabsetzung! Ich werde gleich wüthend, wenn ich dergleichen höre. Nie konnte ich vor Matthisson[2] Achtung haben, wegen des absurden Liedes: „Namen, ich[3] nenne dich nicht."

Und „Witz des Herzens," welcher Unsinn! Ich weiß nicht, was Herz ist und will ihm Witz beilegen! Dergleichen Phrasen streifen an meinem Ohre vorüber wie zerplatzte Luftblasen; der Verstand findet absolut nichts darin; das ist hohles Zeug."

Es dauerte lange, ehe er sich beruhigte und dabei strömten die schlagendsten Einfälle aus seinem Munde.

Weber's[4] Vorlesung über die „Braut von Korinth" gefiel ihm, „doch", fügte er hinzu, „habe ich nicht aus Phlegons von Tralles, eines Freigelassenen Kaiser Hadrians, Tractat von wunderbaren Dingen, sondern wo anders her das Sujet genommen, es aber meist vom Stoffartigen entkleidet. Philämon hieß die Braut.

[1] Wer? Sicher einer der romantischen Schüler.

[2] Ein entschiedener Irrthum. Das Gedicht ist von W. Ueltzen. Vergl. übrigens über die verschiedenen Muthmaßungen auf den Verfasser: Hoffmann v. Fallersleben. Unsere volksthümlichen Lieder. II. Aufl. p. 107.

[3] Richtiger:

Namen nennen Dich nicht,
Dich bilden Griffel und Pinsel
Sterblicher Künstler nicht nach.

[4] Wilh. Ernst Weber, Vorlesungen zur Aesthetik, vornehmlich in Bezug auf Goethe und Schiller. Hannover 1831. pag. 193—201; Die Geschichte der Braut von Korinth aus einem antiken Actenstücke vorgelesen im Museum zu Frankfurt a. M. am 23. April 1821.

Die Gegensätze der heidnischen und christlichen Religion bieten allerdings eine reiche Fundgrube für die Poesie."

Darauf auf den Dichter Immermann kommend, bemerkte er: „Ich lasse Immermann gewähren und kann ihn mir nicht recht construiren. Wie kann ich über ein erst Werdendes, Problematisches urtheilen? habe ich nicht mit meinen eigenen Werken genug zu thun? Und Sie wissen, daß ich ein fortwährend Werdendes statuire.

So fuhr er lange im Tone der Orakelsprüche fort, z. B.

Gegen einen Grundsatz statuire ich keine Erfahrung. Ich läugne sie geradezu.

Alles Tragische beruht auf einem unausgleichbaren Gegensatz. So wie Ausgleichung eintritt oder möglich wird, schwindet das Tragische.

Kirchners Kopf paßt nicht zu seinem Rumpf und Leib. Schleppte er nicht am letztern eine so große Last herum, so würde er noch viel mehr Teufelszeug machen, noch viel lebendiger sein. Er ist ein kluger Schelm, der klügste in Frankfurt. Dort herrscht der krasseste Geldstolz, die Köpfe sind dumpf, beschränkt und düster. Da taucht nun auf einmal so ein Lichtkopf wie Kirchner auf! Ich will wetten, oder vielmehr de credulitate schwören, er schickt zu Michaelis keine weitern Frankfurter nach Jena.

Meine Freunde theile ich in Hoffer und Verzweifler. An der Spitze der erstern: der Kanzler, der letztern: Meyer. Dieser steht so hoch im Verzweifeln, daß er wieder zu hoffen anfängt. (Riemer nannte ihn: „Auszweifler.")[1]

Sonntags, 13. Juni.

Regenwetter.

Nach Hofe war ich bei Goethe mit Riemer. Er sprach von Rousseau's Botanique und des Großherzogs Lossagen vom Handel mit Buchhändler Jügel wegen der Rafaelischen Tapeten.

---

[1] Parenthese: v. Müllers Bemerkung.

„Wenn man für einen Fürsten handelt und spricht, muß man sein wie ein Scharfrichter, seine Befehle rasch, streng, glattweg vollziehen."

Ueber Byrons[1] Tod äußerte er, daß er gerade zu rechter Zeit erfolgt sei. Sein griechisches Unternehmen hat etwas Unreines gehabt, und hätte nie gut endigen können.

Es ist eben ein Unglück, daß so ideenreiche Geister ihr Ideal durchaus verwirklichen, ins Leben einführen wollen. Das geht nun einmal nicht, das Ideal und die gemeine Wirklichkeit müssen streng geschieden bleiben.

B. Den 30. Juni.

Heute war ich mit Coudray, später mit Riemer, endlich noch mit Meyer, der vor seiner Carlsbader Reise Abschied nehmen wollte, bei Goethe. Nie sah ich ihn geistreicher, lebhafter, humoristischer, offner. Er forderte mich auf die Gedichte zum Pentazonium[2] herbeizuschaffen, die Motive zu den fünf Zonen zu schematisiren. Ueber das „vir semisecularis" müßte Eichstädt consultirt werden, seine jüngern Philologen, nur fünfzigjährige mindestens sind hier patres curiae. Im Geistreichen sagte er, rasch vorwärts, im Conventionellen, Positiven, Recipirten aber vielfach umgefragt, umgeschaut, ja selbst pedantisch!

Riemer wollte nun gleich eine Disputation halten, ob es Pente oder Pentazonium oder gar Penta oder Heptazolium heiße.

Coudray hatte eine „brillante" Idee, die Loge Amalia möge zur Jubelfeier des Großherzogs Carl August Preisaufgaben für Maler stellen. Goethe extemporirte sofort ein Programm; aber, sagte er, die sächsische Geschichte hat nur zwei große Momente als brauchbare Motive: 1) Kurfürst Friedrich der Weise lehnt die Kaiserwürde ab, und 2) Herzog Bernhard ergreift nach Gustav Adolfs Tode das Commando. In der Entwicklung dieser Motive, die nur beide zusammen den Gegenstand er-

---

[1] † 19. April 1824 in Missolunghi.

[2] Goethe's Werke XXVII.: Pentazonium Vimariense dem dritten September 1825 gewidm., von Coudray gez., gest. von Schwerdgeburth.

schöpfen, war Goethe bewundernswürdig. Welche Gegenwart aller Anschauungen, und welche Abstractionen! Bei Aburtheilung einiger Maler, Schadow, Kolbe, Maceo, Hartmann, kam das Gespräch auf Nahls Gemälde im grünen Zimmer des Großherzogs, das Goethe, obwohl Carl August es getadelt, doch für das beste halte.

Das katholische Regulativ [1] gab Goethen Gelegenheit grelle Ausfälle über die Mysterien der christlichen Religion, vorzüglich über die immaculata conceptio S. Mariae, da Mutter Anna schon immaculata concipirt haben soll. —

Dann kritisirte er die lettres Romaines, [2] deren Verfasser in Rom nie gewesen sei, sie seien eine Parteischrift, die alles Ideale ins Gemeine herabziehe und alle Symbole ihres höhern Sinnes entkleide. Jede Idee verliert, wenn sie real wird, ihre Würde.

Nach Meyer's und Coudray's Weggang kam das Gespräch auf Spanien. Goethe entwickelte in großen karakteristischen Umrissen die ältere Geschichte Spaniens, den langen Kampf mit den Mauren, die daraus entstandene Isolirung und Opposition der einzelnen Provinzen, und wie nothwendig alle Bewohner sich aufreiben mußten. Dem Buche Spanien und der Revolution ertheilte er großes Lob. Der jetzige Zustand der Welt — Klarheit in allen Verhältnissen — ist dem Individuum sehr förderlich, wenn es sich auf sich selbst beschränken will; will es aber eingreifen in die bewegten Räder des Weltganges, glaubt es als ein Theil des Ganzen selbstthätig nach eigenen Ideen wirken, schaffen oder hemmen zu müssen, so geht es um so leichter zu Grunde. Ich meines Theils möchte in keiner andern Zeit gelebt haben. Man muß nur sich auf sich selbst zurückziehen, das Rechte still in angewiesenen Kreisen thun; wer will einem dann etwas anhaben?

---

[1] Gesetz über die Verhältnisse der kathol. Kirchen und Schulen vom 7. November 1823. Weimarisches Reg.-Blatt Nr. 16 von 1823.

[2] Jedenfalls sind die Tablettes Romaines cont. des faits, des Anecdotes et des observations sur les moeurs etc. par un Français; Paris, Février 1824 gemeint.

B.　Montag, den 11. October.

Bei Goethe fand ich Riemer, der mit ihm arbeitete. Sei es die unwillkommene Störung, sei es die Aufregung durch des kleinen Walthers Unfall, der den Arm gebrochen, und meine übel⸗ angebrachte Tröstung, kurz Goethe war sehr heftig, widerstrebend. In Politicis überspränge ich oft alle Grenzen und spräche gar zu leichtsinnig ab. Gemüthlich sprach er nur über Raumers Geschichte der Hohenstaufen, an welchem er gerade das Nüchterne, das Frei⸗ halten von allen philosophischen Ansichten lobte. Und doch wenn man die vier Bände durchlesen, habe man nichts gewonnen als die Ueberzeugung, daß es damals noch schlechter als jetzt hergegan⸗ gen. Die Weltgeschichte sei eigentlich nur ein Gewebe von Unsinn für den höhern Denker, und wenig aus ihr zu lernen: Ich ziehe Raumern hundertmal dem Johannes v. Müller vor.

Das Geistreichste, was er sagte, war, daß er die jetzigen Griechenkämpfe als ein Analogon und Surrogat der Kreuzzüge ansehe, wie diese auch jene zur Schwächung der Macht der Osma⸗ nen überhaupt höchst heilsam seien.

B.　Donnerstag, 14. October.

Nach Tische war ich kurz bei Goethe, der über Graf Rein⸗ hard bemerkte: Ihm sei wie einem, der stets mit einem Neffe auf dem Rücken durch das Leben gehe.

B.　Sonnabend, 16. October.

Goethe zeigte sich mir höchst unzufrieden mit dem Bilde [1] vor der neuen Ausgabe des Werther, ohne jenes doch vorzu⸗ zeigen. Ich habe die Idee gehabt, mich nach einem alten Bilde von Kraus graviren zu lassen, damit die Leute doch sehen, wie ein Verfasser solch tollen Zeugs ungefähr beantlitzt gewesen.

---

[1] Gestochen von Schule.

Goethe sagt, er wolle Freybergs[1] schönen Aufsatz über Julio Romano gar nicht lesen, theils weil er eine mystische Tendenz habe, theils um sich jetzt nicht zu zerstreuen.

B. Sonnabend, den 23. October.

Goethe scherzte viel, und schrieb unter anderm in ein englisches Dictionnaire Ottiliens:

> Dicke Bücher, vieles Wissen,
> Ach, was werd' ich lernen müssen.
> Will's nicht in den Kopf mir gehen,
> Mag es nur im Buche stehen.

Dann zeigte er uns sein erstes Manuscript, den „Gottfried von Berlichingen," das sehr reinlich, fast ohne alle Correcturen war, und sprach dann von der geheimen Tendenz des deutschen Fürstenbundes gegen Friedrich II Anmaßungen, während dieser selbst dazu anzutreiben vermocht wurde. Der Kronprinz sei im Geheimniß gewesen, und von dem alten Fürsten von Dessau die Idee ausgegangen.

18. November.

Nachmittags von 4 bis 5 Uhr weilte ich bei Goethen. Ein Frankfurter, Herr Fellner, wurde angemeldet und abgeschlagen. „Man muß den Leuten abgewöhnen, einen unangemeldet zu überfallen, man bekommt doch immer andere fremde Gedanken durch solche Besuche, muß sich in ihre Zustände hineindenken. Ich will keine fremden Gedanken, ich habe an meinen eigenen genug, kann mit diesen nicht fertig werden."

Darauf theilt er den ausgesonnenen Plan zu Regulirung der vom Großherzog vergönnten öftern Benutzung der neuen Kunst- und Bücherschätze auf der Bibliothek mit. Nach einem gewissen Turnus sollen acht bis neun Familienhäupter, jedes alle drei bis sechs Wochen, eine Karte erhalten, auf welche sie

[1] Von Max Frhrn. v. Freyberg, Ministerialrath in München im Orpheus I. 11.

dann mit einer beliebig gewählten Gesellschaft zwei Vormittags-
stunden, des Montags oder Donnerstags, die ausgelegten literarischen Neuigkeiten beschauen mögen.

Goethe war heute ausnehmend mild, ruhig, innerlichst heiter.

Er kam bald wieder auf Lord Byron zu sprechen. „Byron,"
sagte er, „stellt den alten Pope bloß deßhalb so hoch, um an ihm
eine unbezwingliche Mauer zum Hinterhalt zu haben. Gegen
Pope ist Byron ein Riese, gegen Shakespeare aber freilich wieder
nur ein Zwerg gewesen. Die Ode auf den Tod des Generals
Moore ist eine der schönsten Dichtungen Byrons. Shelley muß
ein armseliger Wicht sein, wenn er dieß nicht gefühlt hat, überhaupt scheine Byron viel zu gut gegen ihn gewesen. Daß Byron
bei dem Gefangenen von Chillon Ugolino zum Vorbild genommen, ist durchaus nicht zu tadeln, die ganze Natur gehört dem
Dichter an, nun aber wird jede geniale Kunstschöpfung auch ein
Theil der Natur, und mithin kann der spätere Dichter sie so gut
benutzen wie jede andere Naturerscheinung.

Mad. Louise Belloc hat sehr Unrecht, wenn sie Thomas Moore
der Byron'schen Lorbeerkrone würdig hält. Höchstens in einem
Ragout dürfte Moore einzelne Lorbeerblätter genießen. An einem
so herrlichen Gedicht, wie das Byron'sche auf General Moore,
zehre ich einen ganzen Monat lang und verlange nach nichts
anderem. Wäre Byron am Leben geblieben; er würde für Griechenland noch ein Lykurg oder Solon geworden sein.

Lord Stratfords Abreise von Konstantinopel ist sehr be-
deutungsreich, ohne Zweifel ein Symptom, daß die Engländer
die griechische Sache für gewonnen halten. Aus Europa kann
man aber nun einmal die Türken doch nicht treiben, da keine
christliche Macht Konstantinopel besitzen darf, ohne Herr der Welt
zu werden, aber beschneiden, reduciren kann man die türkische
Macht in Europa, so weit als die griechischen Kaiser in den
letzten zwei Jahrhunderten."

B. Donnerstag, 25. November.

Von 4—5½ Uhr war ich ganz allein bei Goethe. Er sprach
von Walter Scott, der durch seine Schriftstellerei an 80,000

Pfund gewann, aber sich selbst und seinen wahren Ruhm dafür verkauft habe, denn im Grunde sei er doch zum Pfuscher geworden; denn seine meisten Romane seien nicht viel werth, doch immer noch viel zu gut für's Publicum. — Den Schrittschuh=Almanach[1] mit Gedichten von Klopstock, Cramer u. s. w., meinte er, verstehe jetzt kein Mensch mehr recht. Klopstock war doch immer sehr vornehmthuerisch, steif und ungelenk in seinen Dichtungen, und über Fiesco, bei Gelegenheit der Bearbeitung von Ancelot äußerte er, es sei ein wildes Stück, das den Todeskeim gleich in sich getragen habe. Diese Verschwörungsgeschichten alle, die den frühern Dichtern im Kragen staken, sind im Grunde nichts als revolutionäre Schwärmereien, gewöhnlich ist der Ermordete gerade der Beste oder Unentbehrlichste.

B. Donnerstag, den 9. December.

Goethe fiel gegen alle „Vergleichungen" heftig aus; denn man macht sie nur aus Bequemlichkeit, um sich ein selbständiges Urtheil zu ersparen.

17. December.

Ich traf Goethen bei der Lectüre der neuen Uebersetzung von Tausend und Einer Nacht von Habicht, von Hagen und Schall, die er sehr lobte und, da sie aus dem Urtext, der französischen vorzieht.

„Diese Märchen, sagte er, müssen mir über die trüben Tage weghelfen; ist es doch, als ob das Bewußtsein in wenig Tagen der Sonne wieder näher zu kommen, uns schon jetzt erwärmte."

Ich brachte ihm von Gagern merkwürdige Handschriften. Er holte ähnliche herbei in großer Zahl. Eckermann[2] trat ein, das Gespräch kam auf Byrons Conversations. Ich lese sie nun zum zweiten Male, ich möchte sie nicht missen und doch lassen sie einen peniblen Eindruck zurück. Wie viel Geklatsche oft nur um

[1] Jedenfalls ist der Göttinger Musenalmanach gemeint.
[2] Eckermann notirt über diese Unterhaltung nichts.

eine elende Kleinigkeit; welche Empfindlichkeit über jedes alberne
Urtheil der Journalisten, welch' ein wüstes Leben mit Hunden,
Affen, Pfauen, Pferden; Alles ohne Folge und Zusammenhang.

Nur über Anschauungen urtheilt Byron vortrefflich und
klar, Reflexion ist nicht seine Sache, seine Urtheile und Com-
binationen sind dann oft die eines Kindes.

Wie viel zu geduldig läßt er sich Plagiate vorwerfen, schar-
mutzirt nur zu seiner Vertheidigung, statt mit schwerem Geschütz
die Gegner niederzudonnern.

Gehört nicht Alles was die Vor- und Mitwelt geleistet
dem Dichter von Rechtswegen an? Warum soll er sich scheuen,
Blumen zu nehmen wo er sie findet? Nur durch Aneignung
fremder Schätze entsteht ein Großes. Hab' ich nicht auch im
Mephistopheles den Hiob und ein Shakespear-Lied mir angeeignet. Byron war meist unbewußt ein großer Dichter, selten
wurde er seiner selbst froh.

Das Taschenbuch für Oesterreichische Geschichte von Hor-
mayr mit Graf Sternbergs Bild führte das Gespräch auf Böhmen. Dort war eine große Cultur im vierzehnten und fünf-
zehnten Jahrhundert einheimisch, ehe man im übrigen Deutschland daran dachte. Prag mit seinen 40,000 Studenten, welch'
eine Erscheinung! Aus allen Winkeln Deutschlands und aus der
Schweiz waren Lehrer hingegangen, die jeder gleich seine Zu-
hörer-Schaar mitbrachte. Jedermann dürstete nach griechischer
und lateinischer Kenntniß. Man räumte den Professoren die
größten Rechte und Freiheiten ein; als man sie nun späterhin
beschränken wollte, wurden sie wild und zogen aus. Damals
wurde Leipzig durch solch eine ausgewanderte Schaar emporge-
hoben, der man das Paulinum einräumte. Ja, die Geschichte
läßt ganz wundersame Phänomene hervortreten, je nachdem man
sie aus einem bestimmten Kreispunkte betrachtet.

Und doch kann eigentlich Niemand aus der Geschichte, etwas
lernen, denn sie enthält ja nur eine Masse von Thorheiten und
Schlechtigkeiten.

Er war im schönsten Zuge allgemeine Ansichten und Betrachtungen aus der innern Fülle seines Geistes hervorströmen
zu lassen, und dabei höchst mild und treuherzig.

B. An einem Decemberabend 1824 sagte Goethe bezüglich auf Klinger: Alte Freunde muß man nicht wiedersehen, man versteht sich nicht mehr mit ihnen, jeder hat eine andere Sprache bekommen.

Wem es Ernst um seine innere Cultur ist, hüte sich davor; denn der alsdann hervortretende Mißklang kann nur störend auf uns einwirken und man trübt sich das reine Bild des frühern Verhältnisses.

26. Januar 1825.

Ich traf ihn in den vordern Zimmern und brachte ihm Hiob[1] zum Geschenk von Umbreit. „Es ist ein schwer zu verstehendes Buch, man wird nie darüber einig werden; einige setzen es sogar vor Moses. Ich habe meine eigenen Gedanken darüber, die ich aber nicht aufdringen will.“

Von mir an die Herausgabe der Fortsetzung vom Divan erinnert, erwiederte er, sie müsse bis zur Herausgabe seiner sämmtlichen Werke verschoben bleiben, die er durchaus noch bei Lebzeiten besorgen und daher Bedacht nehmen müsse, daß täglich etwas zu diesem Zwecke Förderliches geschehe und geleistet werde

Seine zahmen Xenien lagen im Manuscript vor ihm. In einer derselben kommt vor: Auch den Verdruß müsse man sich zu Nutze machen, denn er sei ja auch ein Theil und zwar ein großer des Lebens.

Er commentirte viel hierüber, entfernte sich dann und ließ mich nach einer kleinen Weile ins hintere Zimmer rufen, da es ihm um diese Abendzeit in dem kleinen stillen Raume wohnlicher sei. Und auch mir war es so. Ich las ihm aus einem Briefe des Grafen Reinhard vor,[2] worin eine Stelle über Jacobi vorkommt.

Dieß gab zu den herrlichsten Schilderungen von Jacobi's

---

[1] Uebersetzung und Auslegung von Fr. W. Umbreit. Heidelberg 1824.

[2] Ein bezüglicher Brief an v. Müller ist nicht vorhanden.

Persönlichkeit und zu höchst wichtigen Aufschlüssen über ihn und
sein Verhältniß zu Goethe Anlaß, die ich immer noch mehr durch
Vorlesung anschlagender Stellen aus Jacobi's Briefsammlung
hervorzurufen bemüht war.

„Die Speculation, die metaphysische, sagte er, ist Jacobi's
Unglück geworden; war er doch eigentlich nicht dazu geboren
noch erzogen.   Ihm haben die Naturwissenschaften gemangelt,
und mit dem bischen Moral allein läßt sich doch keine große
Weltansicht fassen. Er war mehr zu einem liebenswürdigen, feinen
Hof- und Weltmann geboren, zumal bei unverkennbarer Eitel-
keit, die man ihm jedoch nicht verargen muß. Es kommt nur
darauf an, ob sie sich nach Außen oder nach Innen richtet.
Von stattlicher Figur, edler Haltung, feinen Manieren und wür-
digem Ernst, wüßte ich nicht leicht mir eine liebenswürdigere
Erscheinung zu denken als eben Jacobi.

Ihm starb aber seine heitere, lebensfrohe, tüchtige Gattin,
die eine echt niederländische Figur, wie wir sie in Rubens besten
Gestaltungen finden, viel zu früh.

Bei seinem Bedürfniß nach weiblicher Pflege und Anregung
fiel er dann bald unter die Tutel seiner Schwestern, die sich die
Herrschaft über ihn anmaßten und ihn verweichlichten. Die
jüngere, klar, voll Verstand und Karakter, aber auch voll Ein-
seitigkeit und bitterer Schärfe, ist für ihn und Andere zu einem
wahren Reibeisen geworden."

Wir kamen auf den Hofrath Wilhelm Müller aus Dessau
zu sprechen, der uns dieser Tage besucht hatte. „Es ist mir eine
unangenehme Personnage, sagte er, suffisant, überdieß Brillen tra-
gend, was mir das aller Unleidlichste ist. Frau von Varnhagen
und die Arnim haben mir Müllers Gattin ganz richtig geschil-
dert, die wirklich recht liebenswürdig ist. Die Arnim ist übrigens
jetzt selten mehr redlich, sondern erzschelmisch. Was sie in früheren Jahren sehr gut gekleidet, die halb Mignon-, halb Gurli-
Maske, nimmt sie jetzt nur als Gaukelei vor, um ihre List und
Schelmerei zu verbergen. Das italienische Blut in ihr hat freilich die Mignon aufs lebhafteste auffassen müssen. Solche pro-
blematische Karaktere aber interessiren mich immer, um so mehr,
je schwieriger es mir wird sie zu erklären und zu entziffern.

Ich muß gestehen, ich wüßte auch nichts mit der ewigen Seligkeit anzufangen, wenn sie mir nicht neue Aufgaben und Schwierigkeiten zu besiegen böte. Aber dafür ist wohl gesorgt, wir dürfen nur die Planeten und Sonnen anblicken; da wird es auch Nüsse genug zu knacken geben.

Seine Monita zu meinem Brief an den König von Bayern wollte er auch heute nicht kund geben.

Mit der Farbenlehre ist es wie mit dem Whistspiel; man lernt nie aus; muß es aber beständig spielen, um weiter zu kommen. Es läßt sich nur darin thun, nicht überliefern, nicht lehren.

Jede Hoffnung ist eigentlich eine gute That."

B. Den 9. März.

Goethe, der sehr freundlich war, sprach heute über die gefährliche Zerstreuung durch Tageslectüre; der Mensch nimmt am Ende doch nur an, was ihm gemäß ist.

B. Den 21. März.

Heute Nachmittag gab mir Goethe seinen Wunsch zu erkennen, mich und Riemern zu Executoren seines literarischen Nachlasses zu machen.

B. Den 22. März.

Nach dem Theaterbrande besuchte ich Goethen, der sehr angegriffen war. „Die Brandstätte ist das Grab meiner Erinnerungen. Aber, setzte er hinzu, nur durch frische Thätigkeit sind die Widerwärtigkeiten zu überwinden, und ich will deßhalb noch heute mit Riemer eine Session halten." [1]

[1] Für die Stimmung Goethe's in jenen Tagen giebt eine Aeußerung Meyer's Licht, der zum Kanzler Müller sagte: Ich begreife nicht, warum Goethe sich so außerordentlich um das Theater betrübt. Ich habe mich aber nie vermessen, ihm meine Ansichten und Empfindlichkeiten aufdringen zu wollen, sonst wären wir wohl auch nicht so gute Freunde

B. Den 1. April.

Heute war ich ein Stündchen bei Goethe, der Naglern einen Velocifer-Karakter nannte und an dem Plane der Errichtung eines orthopädischen Institutes großen Antheil nahm. Ueber die (Jubel-) Medaille sprach er sich noch nicht aus. Er zeigt mir Fragmente von Tasso, die aus dem Theaterbrande herstammten, und äußerte: „Ich bin fast nicht mehr communicabel nach Außen, nur daß mein Inneres etwas werth ist, tröstet mich noch."

Sonnabends, 28. Mai.

Abends von 6—8½ Uhr war ich mit Meyern bei ihm. Anfangs schien er weniger aufgelegt, wurde aber immer mittheilender und zuletzt recht gemüthlich. Erst sprachen wir lange über die gothaische Gemälde-Gallerie; Meyer beschrieb ein Paar vorzügliche Bilder von Correggio (namentlich von dem Knaben [1] mit einem Vogel), die ich ganz übersehen hatte.

Der Berliner Probeabdruck der Jubiläumsmedaille ward vorgezeigt; herrlich gerathen! Goethe holte treffliche Medaillen von Benvenuto Cellini herbei, um durch Vergleich die Schönheit des Berliner Entwurfs noch mehr darzuthun. Als Meyer weg war, sagte er: „Wir sind zu kühn in dieser Sache gewesen, mehr als billig, wir mögen nur Gott danken, daß es so glücklich abläuft." Nun zeigte er mir schöne Hamburger Steindrücke, was er eine Stunde früher abgelehnt hatte. Louis Devrient und ein zahmer Blücher waren darunter.

Das Gespräch verbreitete sich über die Belagerung von Na-

---

geblieben.   Ich habe das Hinwegsetzen über unabwendliche Ereignisse gerade in Goethe's Schule gelernt, und nun wird er seiner Lehre selbst untreu.   Was will er mit „traurigen Vorzeichen für das Jubeljahr."

Karl August hingegen sah theilweis dem Brande aus dem gegenüber befindlichen Palais zu und machte während dem Bauprojecte (Müllers Tagebücher).

[1] Steht im Gothaer Katalog nicht.

varino, über geistige Aehnlichkeit zwischen Frau von Staël und
Byron, über die Mémoires sur Mad. de Pompadour, aus denen
er mancherlei erzählte, über Gagern und den rechten Gesichts-
punkt zu seiner und seiner Schriften Würdigung, über die durch-
gefallene Emancipationsbill in England, über Rehbeins Tüchtigkeit, der sich von der Jenaischen Naturphilosophie gerade genug
angeeignet, um sich ein höheres Urtheil zu bilden und seinen
Kopf aufzuhellen, über des alten, verstorbenen Stark praktischen
Tiefblick, über Goethe's tödtliche Krankheit im Jahr 1800, die
bloß aus einem Brownianischen zurückgetriebenen Katarrh entstanden, über Reils Gutachten hinsichtlich seiner Nierenkrämpfe,
ebenfalls aus katarrhalischem Stoff hergeleitet, über Aufhebung
des Sklavenhandels, wodurch eine gewaltigere Zusammenfassung
der afrikanischen Völker und Vertreibung der Europäer von
Afrika's Küsten drohen dürfte, über die Wichtigkeit des Besitzes der
Jonischen Inseln aus der Venetianischen Erbschaft, über die großen Pläne des Aegyptischen Vicekönigs, über Alexander Hum-
boldts gescheiterte Hoffnung zu politischer Wichtigkeit. Er ließ
— sagte Goethe — die Republik hinter sich, als er nach Amerika zog, und fand einen Dictator als er wiederkehrte, der ihn
geringschätzig frug: „Sie beschäftigten sich mit Botanik? Ich weiß,
daß auch meine Frau sie treibt." Das National-Institut, das
Humboldt aufs grandioseste hatte mit einrichten helfen, war während dem ganz umgemodelt worden.

Endlich kam Goethe auf Cicero, von dem ihm die erste
Rede, die er, erst 27 Jahre alt, zur Defension eines des Mordes
angeklagten Landmannes und gegen einen Günstling Sylla's
hielt, heute Morgen wieder in die Hand gefallen war. Er karak-
terisirte sie aufs lebendigste nach der Keckheit, Gelbschnabeligkeit,
Petulanz, die darin herrsche und doch schon mit großem Verstand
und Umsicht gepaart sei. Ehe die römische Republik ausgeartet,
fuhr er fort, als Jahrhunderte lang kein Ehebruch vorgekommen,
gegen den Vatermord gar kein Gesetz nöthig geschienen ⁊c., sei es
doch übrigens so langweilig und nüchtern hergegangen, daß kein
honneter Mensch sich dort gelebt zu haben wünschen möchte.
Die zwölf Tafeln waren eine elende Compilation. Ich kann
mich jetzt mit allem diesen Zeug und Detail nicht mehr abgeben;

aber ich weiß wohl, was an jedem dieser Staaten war und halte die Hauptumrisse aller jener Zustände fest in mir.

Den Beschluß machte meine Ankündigung der Gräfin Rapp. Es war schon ganz dunkel geworden, als ich von Goethen schied, der lange nicht so mild und redselig gewesen war.

Mittwochs, den 1. Juni.

Von 6—8½ Uhr weilte ich bei Goethe allein.

Er zeigte die Leybold'sche[1] Skizze zum „Charon," die ganz herrlich gerathen, in brauner Sepia, die Goethen große Freude bereitete. Er sagte über Capitän Parry's Werk „die letzten Lebenstage Byrons," daß es das Interessanteste unter allem Erschienenen sei. Byron sei aus Verdruß und Ingrimm über die schlechte Wirthschaft in Griechenland gestorben. Er hätte gleich vor Missolunghi umkehren sollen.

Ich las Reinhards Brief vor, seine Cantate auf die Krönungsfeier gefiel Goethe sehr. An dem Studium der Meteorologie verzweifelte er.

Goethe war im Ganzen sehr munter und wohlwollend. Dem Gefühl der Ordnung und geregelten Thätigkeit spendete er großes Lob.

Montag, 13. Juni.

Nachmittags macht er mit mir eine Spazierfahrt nach Belvedere. Es war seine erste seit sieben bis acht Monaten, und der Wunsch meinen neuen Wagen zu erproben, gab die Veranlassung.

Das herrliche, milde Wetter, nicht allzuheiß, that ihm sehr wohl. Wir stiegen aus, wandelten in den Alleen umher und setzten uns dann geraume Zeit in das schattige Roundell hinter dem Schlosse. Die serbischen Lieder, Fräulein v. Jacob,[2] mein Türkheimischer Brief gaben Stoff zur Unterhaltung.

---

[1] Karl Jacob Theodor, geb. Stuttgart 1786, gest. daselbst 1844. Ueber die Skizze vergl. Goethe's Aeußerungen in Goethe-Zelters Briefwechsel IV. 72.

[2] Therese v. Jacob. Die Uebersetzerin der serbischen Lieder. Goethe's Werke XXIX. 227.

„Ungemein viel, sagte er, kommt bei solcher Uebersetzung fremder Volkslieder auf Beibehaltung der Wortstellung des Originals an.   Ich kann eben so wenig serbisch als persisch, aber ich habe mir doch durch Ansicht der Originale die Wortstellung abstrahirt."

Er frug mich nach Sicherheits-Cautelen bei Verlagsverträgen für den Fall, daß der Buchhändler Concurs mache.

Vom Wahnsinn gab er die einfache Definition: daß er darin bestehe, wenn man von der wahren Beschaffenheit der Gegenstände und Verhältnisse, mit denen man es zu thun habe, weder Kenntniß habe, noch nehmen wolle, diese Beschaffenheit hartnäckig ignorire.

Ich reizte ihn sehr lebhaft an, doch noch eine Schilderung des Tiefurter Lebens zur Zeit der Herzogin-Mutter zu entwerfen.

„Es wäre nicht allzuschwer, erwiederte er, man dürfte nur die Zustände ganz treu so schildern, wie sie sich dem poetischen Auge in der Erinnerung darstellen; Dichtung und Wahrheit, ohne daß Erdichtung dabei wäre."

Reiselust und Reisepläne erwachten in ihm. Heimgekehrt, mußte ich noch ein halb Stündchen bei ihm weilen. Ich erzählte ihm die Motive aus den beiden Freunden von Fr. v. Fouqué.

Nicht leicht erinnere ich mich eines so reizenden, Auge und Gefühl gleich mächtig ansprechenden Sommerabends. Friede und Freude schien in der ganzen Natur zu herrschen.

Mittwochs, 15. Juni.

Abermalige Spazierfahrt mit Goethe nach Belvedere. Wir stießen umherwandelnd in eine große Gesellschaft bei Völkel.

Wir besichtigten die Winterhäuser, die ihn veranlaßten, den früheren französischen Gartenformen Lob zu spenden, wenigstens für große Schlösser. Die geräumigen Laubdächer, Berceaux. Quinconces, lassen doch eine zahlreiche Gesellschaft sich anständig entwickeln und vereinen, während man in unsern englischen Anlagen, die ich naturspäßige nennen möchte, allerwärts an einander stößt, sich hemmt oder verliert.

Sonnabends, 18. Juni.

Abends war ich bei ihm von 7 bis 8 Uhr. Er sprach über den Hang der neuen Zeit zum Mysticismus, weil man dabei weniger gründlich zu lernen pflege. Sonst habe man viel sein müssen, um etwas zu scheinen. Die Faseleien von einem Vor-Noachidischen Zeitalter könnten doch nie zu etwas führen. Aber leider huldigten selbst diejenigen dem falschen Zeitgeiste, die weit höher stünden. Er behalte sich jedoch noch vor, sie derb zu geißeln.

B.　Dienstag, den 6. December.

Er tadelte mich, daß ich immer zu viel Argumente für eine Sache brächte, nicht lediglich auf das Eine, was gerade Noth sei, hinwirke.

Die Geschäfte müssen abstract, nicht menschlich mit Neigung oder Abneigung, Leidenschaft, Gunst behandelt werden, dann setzt man mehr und schneller durch. Auch keine Recriminationen, keine Vorwürfe über Vergangenes, nun doch nicht zu Aenderndes. Jeder Tag bestehe für sich, wie kann man leben, wenn man nicht jeden Abend sich und andern ein Absolutorium ertheilt?

Ihr dürft mir das nicht übel nehmen. Wenn ich einmal reden soll, muß ich meine Paradoxa frei aussprechen dürfen; Ihr werdet sie ohnehin nicht mehr lange von mir hören. Rauchs seltsamer Brief hatte zu all diesem die Veranlassung gegeben.

B.　Donnerstag, den 29. December.

Bei Gelegenheit politischer Erörterungen äußerte Goethe: Die Menschen werfen sich im Politischen wie auf dem Krankenlager von einer Seite zur andern, in der Meinung besser zu liegen. [1]

---

[1] Ist ein Gleichniß von Dante.

B. Den 30. December.

Goethe erzählte: Ohngefähr ums Jahr 1780 befand ich mich einstmal im Winter mit Seckendorf und Einsiedel zu Thalbürgel auf der Jagd, wo wir uns gar weidlich ergötzten. Der Neujahrstag nahte heran, wir sollten billig nach Weimar zurückkehren. Doch die Lust noch einige Tage ungestörte Freiheit zu genießen, überwog, und am Vorabend beschlossen wir, statt persönlich, poetische Glückwünsche an die vertrautesten Personen des Hofes und der Stadt durch einen Eilboten abzusenden, der sie am frühen Morgen des ersten Januar austheilen sollte. Sogleich machten wir uns ans Werk und brachten die halbe Nacht damit zu, bald sinnreich gelehrte, bald humoristische, mitunter auch ironisch gewürzte Verse zu verfassen.

Leider sind diese launigen Denkblätter jener harmlosen Zeit nicht mehr zusammen zu bringen; nur erinnere ich mich folgende Verse an Fräulein v. Göchhausen adressirt zu haben:

> Der Kauz, der auf Minervens Schilde sitzt,
> Kann Göttern wohl und Menschen nützen,
> Die Musen haben Dich so treu beschützt,
> Nun magst Du ihnen wieder nützen.

Donnerstag, den 5. Januar 1826.

Goethe machte mir Schwierigkeiten wegen des beabsichtigten Abdrucks seines Dankbriefes nach Jena. „Ich weiß, was ich kann und nicht kann, und will nur das, was ich kann."

Montags, den 1. Mai.

Abends war ich einige Stunden bei Goethe, der noch unbaß, doch schon besser war. Später kam Coudray hinzu, dann Huschke. Goethe sprach über den Gebrauch des Thees. Er wirkt stets wie Gift auf mich, sagte er, „und doch was sollten die Frauen ohne ihn anfangen? Das Theemachen ist eine Art Function, eine eingebildete Thätigkeit; besonders in England. Und da sitzen sie gar behaglich umher, und find weiß, und find schön, und find lang, und da müffen wir fie schon fitzen laffen."

Ich frug, ob er Seidels literarisches Geschenk „Charinomos" [1] gelesen habe? „Keineswegs, nichts ist mir hohler und fataler wie äfthetische Theorien. Ich bin zu alt, um noch neue Theorien in meinen Kopf zu bringen. Ein Lied, eine Erzählung, irgend etwas Producirtes — das lese ich wohl und gerne, wenn es gut ist: das beseelt um mich herum. Auch Urtheile find etwas Geschaf= fenes, Thätiges und vor allen lobe ich mir meine Globiften, aber was ein Anderer denkt, wie kann mich das kümmern? Ich kann doch nicht wie er denken, weil ich Ich und nicht Er bin. Wie können fich nur die Leute einbilden, daß mich ihr Denken intereffiren könnte, z. B. Coufin?"

Wir sprachen von Knebels Engelerscheinung und von dem jungen Kupferstecher Schütz.[2] Bei Schwerdgeburth könne er schon etwas lernen, meinte Goethe. Schwerdgeburths erste Composition[3] in Oel zum Jubiläo sei total verunglückt, obwohl gut gemeint, und im einzelnen sogar trefflich. — Ich kann oft gar

---

[1] Seidel, C., Beiträge zur allgemeinen Theorie und Geschichte der schönen Künfte. Magdeb. 1825.

[2] Hermann Schütz, lebt in München.

[3] Unter einer Eiche fitzt Goethe auf einer Anhöhe in antikem Coftüm und befingt das Jubelfeft des Karl Auguft. Die Portraits der großherzogl. Familie treten als Nebelbilder hervor. Verschiedene Ge= ftalten kommen den Berg herauf und bringen auf die verschiedenfte Weise ihre Huldigungen dar: In der Ferne ist das weimarische Schloß mit feiner Umgebung fichtbar. Als Schwerdgeburth die Composition Goethen überreichte, sprach fich letzterer wohlwollend aus und fagte fehr bezeichnend: „Sie haben mich zu hoch gestellt." Uebrigens bemerkte mir persönlich unfer hochverehrter Professor Schwerdgeburth: „Ich bin froh, daß diefes Machwerk verschwunden ist. (Ich weiß von der Exiftenz des Bildes nichts.) Die Idee war eine gut gemeinte, aber eine ver= unglückte und meinen Kräften nicht angemeffen." Meyer sprach, als die Umriffe auf der Leimwand ftanden, fich mit großer Zufriedenheit über die Leiftung aus und wünschte, daß das Bild in großen Umriffen ge= gegeben werden follte. Aber Schwerdgeburth wollte zu dem Jubelfeste nichts Unfertiges darbieten. (S. übrigens Weimars Jubelfeft den 3. Sep= tember 1825.)

nicht begreifen, wenn ich die vielen schlechten dramatischen
Productionen sehe, was die Verfasser, wenn sie auch nur Iff=
ländische oder Kotzebue'sche Stücke vor Augen hatten, sich dabei
gedacht oder was und wie sie solche angeschaut haben mögen,
wie es ihnen nur irgend möglich vorkommen kann, daß ihre
eignen Erzeugnisse den geringsten Werth hätten. Im Ganzen
war er heut sehr mild und freundlich.

Am 17. Mai

traf ich Sulpice Boisserée bei Goethe, dessen Besuch ihn sehr er=
freute.

Ottilie konnte sich noch nicht sehen lassen, ein unglücklicher
Fall [1] hatte ihr Gesicht getroffen, und Goethe hatte sich bis jetzt
selbst noch immer gescheut, ihr entstelltes Antlitz zu sehen. Denn,
sagte er, ich werde solche häßliche Eindrücke nicht wieder los, sie
verderben mir für immer die Erinnerung.

Ich bin hinsichtlich meines sinnlichen Auffassungsvermögens
so seltsam geartet, daß ich alle Umrisse und Formen aufs schärfste
und bestimmteste in der Erinnerung behalte, dabei aber durch
Mißgestaltungen und Mängel mich aufs lebhafteste afficirt finde.
Der schönste kostbarste Kupferstich, wenn er einen Flecken oder
Bruch bekommt, ist mir sofort unleidlich. Wie könnte ich mich
aber über diese oft freilich peinliche Eigenthümlichkeit ärgern, da
sie mit andern erfreulichen Eigenschaften meiner Natur innigst
zusammenhängt? Denn ohne jenes scharfe Auffassungs= und Ein=
drucksvermögen könnte ich ja auch nicht meine Gestalten so
lebendig und scharf individualisirt hervorbringen. Diese Leichtig=
keit und Präcision der Auffassung hat mich früher lange Jahre
hindurch zu dem Wahne verführt, ich hätte Beruf und Talent
zum Zeichnen und Malen. Erst spät gewahrte ich, daß es mir
an dem Vermögen fehlte, in gleichem Grade die empfangenen
Eindrücke nach Außen wiederzugeben.

Ich entgegnete, daß ihn wohl auch das Schwierige und

[1] Sturz mit dem Pferde, vergl. Goethe=Zelters Briefwechsel IV.
155.

Zeitraubende der mechanischen und technischen Erfordernisse ab-
geschreckt haben könne; allein dieß läugnete er, indem er behauptete: wozu wahres Talent vorhanden, da bahne es sich auch
zu entsprechender Entfaltung seinen Weg, und finde trotz aller
Hindernisse die rechten Mittel dazu.

Sonntags, 18. Juni.

Von 6 bis 9 Uhr Abends war ich bei ihm ganz allein. Er
machte mir den Vorwurf, daß von Hoffs Gabe zum 7. November
„Fiedlers Portrait¹" nicht mit angezeigt worden sei. Ich antwortete: Goethe sei selbst schuld, ich habe ja gar nicht gewußt,
wessen Bild es sei und von wem? Er sprach über der Gräfin
Julie Portrait des Bracebridgen² Ehepaares, und wie sie sich dabei
in die verruchte Manier der Nazarener verirrt, kalt, trocken, flach,
ohne gehörige Rundung und Schatten, mit üblen Farben-Wahl
gemalt habe.

Der Irrthum jener Schule bestehe darin, daß sie ihre Muster
in der Periode vor dem Culminationspunkt der Malerei aufsuche,
vermeinend, daß sie dabei historisch ascendiren könne.

Die Mathematik, sagte er, als ich von Pestalozzi's Selbst-
geständnissen erzählte, die Mathematik steht ganz falsch im Rufe,
untrügliche Schlüsse zu liefern. Ihre ganze Sicherheit ist weiter
nichts als Identität. Zweimal zwei ist nicht vier, sondern es ist
eben zweimal zwei, und das nennen wir abkürzend vier. Vier
ist aber durchaus nichts Neues. Und so geht es immer fort bei
ihren Folgerungen, nur daß man in den höhern Formeln die
Identität aus den Augen verliert.

Die Pythagoräer, die Platoniker meinten Wunder, was in
den Zahlen alles stecke, die Religion selbst; aber Gott muß ganz
anderswo gesucht werden.

¹ In der Beschreibung des weimarischen Jubelfestes z. 3. Sept.
1825 nicht erwähnt, auch im Manuscr. nicht nachgetragen. Jedenfalls
ist der 1852 in St. Petersburg verstorbene Porträtmaler Fiedler gemeint.

² Goethe's Verhältniß zu diesem wird mehrfach in Goethe-Zelters
Briefwechsel berührt IV. 153, 155. 170.

Als ich ihm ein scharfes Witzwort (Riemers?) eines unsrer Freunde mittheilte, wurde er ganz aufgebracht und zornig. Durch solche böswillige und indiscrete Dichteleien macht man sich nur Feinde und verbittert Laune und Existenz sich selbst. Ich wollte mich doch lieber aufhängen als ewig negiren, ewig in der Opposition sein, ewig schußfertig auf die Mängel und Gebrechen meiner Mitlebenden, Nächstlebenden lauern. Ihr seid noch gewaltig jung und leichtsinnig, wenn ihr so etwas billigen könnt. Das ist ein alter Sauerteig, der den Karakter inficirt hat und aus der Revolutionszeit stammt. In solcher Heftigkeit war Goethe immer beredter, immer geistreicher, immer aufrichtiger und dabei wohlmeinender in der Richtung seiner Aussprüche, so daß es mir ganz lieb war, durch jene Mittheilung seine Explosion provocirt zu haben.

Montags, 19. Juni.

Zwischen dem Hofe war ich bei ihm. Wir unterhielten uns über die Medaillen-Angelegenheit, sodann über die griechischen Successe. Seit acht Tagen habe er sich ungemein mit Reisebeschreibungen, Karten und Kriegsgeschichten von Griechenland beschäftigt; daß sie einen Dictator erwählt, sei ganz recht. Er kam auf die Residenz des Königs von Audh,[1] der die sieben Seen der persischen Sprache herausgegeben, sprach über Tartuffe und dessen geniale Exposition, den Goethe erst in diesen Tagen wieder gelesen. Nebenbei spielte Wolf mit einem Papier, das er zerriß und auf dem sich die allerliebsten kleinen Verse fanden:

„Erinner' ich mich doch spät und früh
„Des lieblichsten Gesichts,
„Sie denkt an mich, ich denk an sie,
„Und beiden hilft es nichts."

Johannistag, 24. Juni.

Herrlicher Sommerabend! Ich war im Garten bei Goethe. Die Stadtmusici spielten trefflich auf. Der neue Arzt Vogel,

---

[1] Abul Seser Moisseddin (1765—1827), Schah von Audh, unter dem Titel: Haft Kulzum oder die sieben Meere; das vollständigste Wörterbuch der persischen Sprache.

Riemer und Coudray waren da, später der Sohn und die Frau Oberkammerherrin. Als „einsam bin ich, nicht alleine" aus Preciosa von Weber gespielt wurde, war Goethe höchst unzufrieden, „solche reichliche, sentimentale Melodien deprimiren mich; ich bedarf kräftiger, frischer Töne, mich zusammen zu raffen, zu sammeln. Napoleon, der ein Tyrann war, soll sanfte Musik geliebt haben; ich vermuthlich, weil ich kein Tyrann bin, liebe die rauschenden, lebhaften, heitern. Der Mensch sehnt sich ewig nach dem, was er nicht ist."

Als ich die „Galoppka" einen Todtentanz für die Damen genannt hatte, hielt er mir halb ernst, halb scherzhaft einen langen Strafsermon. Ebenso als ich von Salvandy's Diatriben gegen die Minister sprach.

Die Langbein'schen Gedichte [1] auf Haydn und Mozart lobte er zwar, setzte aber hinzu, es sei alles, nur keine Poesie.

Als ich von der Behauptung des Journals des Débats sprach, daß eine Melodie aus dem Freischütz Motive aus Rousseau's Musik enthalte, schalt er lebhaft alles solches Nachgrübeln von Parallelstellen. Es sei ja alles was gedichtet, argumentirt, gesprochen werde, allerdings schon da gewesen, aber wie könne denn eine Lectüre, eine Conversation, ein Zusammenleben bestehen, wenn man immer opponiren wolle: Das habe ich ja schon im Aristoteles, Homer und dergl. gelesen. Kurz er war ziemlich negirend, ironisch, widersprechend.

Mittwochs, 28. Juni.

Von 7—9 Uhr war ich heute bei Goethe allein, der ziemlich heiter und gesprächig, doch nicht so festhaltend an den Gegenständen und mittheilend war, wie in ganz guten Stunden. Er sprach vom Nekrolog der Fr. v. Krüdener. „So ein Leben ist wie Hobelspäne; kaum ein Häufchen Asche ist daraus zu gewinnen zum Seifensieden." Doch rieth er mir Valerie zu lesen.

---

[1] Nämlich Joseph Haydn, gefeiert am Tage seiner Geburt den 31. März 1826. Mozart zu seiner Todtenfeier, 5 Dec. 1824. Beide im IV. Band der Langb. Schriften. Stuttg. Ausg. p. 284—90.

Er zeigte einen schönen Abguß einer Karsten'schen kleinen Statue, wahrscheinlich Andromache, und theilte jene herrliche Stelle über Herders Tod[1] aus der Chronik von 1803 mit. Heute zeigte er auch weit größere Theilnahme an den Griechen wie sonst, und sprach über Parry's letzte Tage Byrons. Ich erzählte von Rudolstädter Gemälden, von Oels Reise nach Carlsbad und Dresden und von Scheidlers methodologischer Encyklopädie der Philosophie. Goethe äußerte sich sehr günstig über ihn; mein Versuch aber, eine nähere Erläuterung seines letzten heftigen Ausfalls gegen den Orakelspruch: „Kenne Dich selbst," zu erhalten, schlug fehl.

„Ich kann mich, erwiederte er, darüber jetzt nicht herauslassen, aber ich hätte meinen Satz allerdings freundlicher und acceptabler ausdrücken können."[2]

Als die Rede auf die irländischen reichen Pfründen der protestantischen Geistlichkeit kam, die man jetzt zu schmälern beantrage, äußerte er: „die dunkeln Köpfe! Als ob man der Geistlichkeit etwas nehmen könnte! Als ob es nicht ganz einerlei sei, wer etwas hat, wie viel wackere Männer gibt es, die noch mehr haben; uns Bettlern kommt das nur **viel** vor."

B.   Den 1. März 1827.[3]

Bei dem großen Lob, das er Vogel[4] spendete, sagte er: Die neuern Künstler verstehen gar kein Bild mehr zu machen, sie haben das Falsche, Unnatürliche zum Maxim erhoben.   Man probire einmal, schneide solch ein Bild in der Mitte durch und man wird das obere Theil vielleicht recht brav gemalt finden, treu — lebendig, aber das untere Theil wird dann in seiner ganzen Richtigkeit hervortreten.   Als ob nicht jeder Theil zum Ganzen passen müßte, um ein Ganzes zu gestalten.

---

[1] Goethe's Werke XXIII. p. 112.
[2] Vergl. die beiden Gedichte Goethe's.   Gegen „Erkenne Dich selbst. Erkenne Dich — Was soll das heißen und Erkenne Dich, was hab ich da für Lohn."
[3] Vergl. Eckermann III. 121.
[4] C. Vogel v. Vogelstein.

B. Mittwoch, den 11. April.[1]

Ich will Ihnen etwas sagen, sprach Goethe, woran Sie sich im Leben halten mögen. Es giebt in der Natur ein Zugäng= liches und ein Unzugängliches. Dieses unterscheide und bedenke man wohl und habe Respect. Es ist uns schon geholfen, wenn wir es überall nur wissen, wiewohl es immer sehr schwer bleibt zu sehen, wo das Eine aufhört und das Andere beginnt. Wer es nicht weiß, quält sich vielleicht lebenslänglich am Unzugänglichen ab, ohne je der Wahrheit nahe zu kommen. Wer es aber weiß und klug ist, wird sich am Zugänglichen halten, und indem er in dieser Region nach allen Seiten geht und sich befestigt, wird sogar auf diesem Wege dem Unzugänglichen etwas abgewinnen können, wiewohl er hier doch zuletzt gestehen wird, daß manchen Dingen nur bis zu einem gewissen Grade beizukommen ist und die Natur immer etwas Problematisches hinter sich behalte, wel= ches zu ergründen die menschlichen Fähigkeiten nicht hinreichen.

20. Juni.[2]

Ich traf ihn mit seinen Kindern und Enkeln auch Eckermann noch bei Tische, höchst milde und munter, vergnügt und mittheil= lend. Er erwähnte Galls Verlangen nach einem Abguß seines Kopfes; verweigerte die Mittheilung seines Briefes an Gries; „nicht als ob vor mir Geheimes darin, sondern weil ihm so viel Unangenehmes im langen Leben aus Mittheilung der Briefe ent= standen sei, daß er sich solches wie eine üble Angewöhnung abzu= gewöhnen trachte."

Bei Durchsicht von Stammbuchs=Inschriften kam er auf Sternberg und dessen oft verhehlte Gemüthlichkeit. „Man kömmt mit ihm stets weiter."

Schützens Plattheit gegen Haug verglich Goethe mit der „Platitude in Ampère's Brief." Ich vertheidigte Letztern gar

---

[1] Vergl. Eckermann I. 342.
[2] Vergl. Eckermann I. 354. Beide Gespräche ergänzen sich.

ſehr. „Das Uebel kommt immer daher, erwiederte Goethe, daß die Leute, beſonders die Fremden, das Naive des Augenblicks nicht zu würdigen wiſſen; durch Wiedererzählung es zur Plattheit umprägen. Ueberhaupt iſt es immer gefährlich zum Publicum von der Gegenwart zu ſprechen.“

Dann kam das ſeltſame Schickſal von Goethe's Gedicht[1] an ſeines Enkels Walther Geburtstag im Jahr 1818 zur Sprache, das er anonym übergab und das ſehr geſcholten wurde.

Nachher durchblätterten wir viele Mappen mit Zeichnungen und Kupferſtichen.

„Freiheit, ſagte Goethe unter anderm, iſt nichts als die Möglichkeit, unter allen Bedingungen das Vernünftige zu thun.

Das Abſolute ſteht noch über dem Vernünftigen. Darum handeln Souveräns oft unvernünftig, um ſich in der abſoluten Freiheit zu erhalten.“[2]

B. Montag, 16. Juli.

Goethe bemerkte, der letzte Chor in der Helena ſei bloß darum weit ausgeführter als die übrigen, weil ja jede Symphonie mit einem Uni aller Inſtrumente brillant zu endigen ſtrebe.

Auf Fauſt zu reden kommend, ſagte er, bei aller Muße und Abtrennung von der Welt getrau' er ſich noch jetzt denſelben in drei Monaten zu beenden.

Dann ſprachen wir von Immermanns Recenſion der Kleiſt'ſchen Schriften, die er ſehr tadelte. Die Herren ſchaffen und künſteln ſich neue Theorien, um ihre Mittelmäßigkeit für bedeutend ausgeben zu können. Wir wollen ſie gewähren laſſen, unſern Weg ſtill fortgehen und nach einigen Jahrhunderten noch von uns reden laſſen.

Von der Hegelſchen Philoſophie mag ich gar nichts wiſſen,

---

[1] Goethe's Werke XV. p. 101: Wiegenlied dem jungen Mineralogen.

[2] Das unter Sonnabend 14. Juli verzeichnete Geſpräch findet ſich bei Eckermann I. 368, aber ſchon unter dem 9. Juli. Jedenfalls liegt bei Müller ein Irrthum vor.

wie wohl Hegel selbst mir ziemlich zusagt. So viel Philosophie als ich bis zu meinem seligen Ende brauche, habe ich noch allenfalls, eigentlich brauche ich gar keine. Cousin hat mir nichts Widerstrebendes, aber er begreift nicht, daß es wohl eklektische Philosophen, aber keine eklektische Philosophie geben kann. Die Sache ist so gewaltig schwer, sonst hätten die guten Menschen sich nicht seit Jahrtausenden so damit abgequält. Und sie werden es nie ganz treffen. Gott hat das nicht gewollt, sonst müßte er sie anders machen. Jeder muß selbst zusehen, wie er sich durchhilft.

Es wird viel über die Methode des Zeitgebrauchs gesprochen. Sonst hatte ich einen gewissen Cyclus von fünf oder sieben Tagen, worin ich die Beschäftigungen vertheilte; da konnte ich unglaublich viel leisten.

Von Klopstock sagte er, er war klein, beliebt, zierlich, sehr diplomatischen Anstandes, von noblen Sitten, etwas ans Pedantische streifend, aber geistreichern Blickes, als alle seine Bilder.

Den 31. Juli

war ich mit Pölchau von Berlin bei Goethe, der sein großes Interesse an der Logier'schen Erfindung [1] einer neuen einfachern Musiklehre zu erkennen gab. Die Maler, sagte er, bedürften auch einer Logik.

Den 8. August, Abends,

traf ich Goethen zu Bett, an Erkältung kränkelnd, doch munter. Ich erzählte ihm vom Staatsrath Turgenief, er viel vom Globe. Was ist die Feindseligkeit anders als ein Herausheben der schwachen Seiten?

Den 9. August.

Heute fand ich ihn wohler. Als wir über Duelle sprachen, äußerte er: „Was kommt auf ein Menschenleben an. Eine einzige

---

[1] Logier, Joh. Bernh., System der Musikwissenschaft. Berlin 1822.

Schlacht rafft Tausende weg. Es ist wichtiger, daß das Princip des Ehrenpunkts, eine gewisse Garantie gegen rohe Thätlichkeiten, lebendig erhalten werde.

Die Gesetze verjähren ja alle in mehr oder weniger Jahren, das ist bekannt. Der praktische Jurist muß sich über die einzelnen Fälle geschickt und mit Wohlwollen hinauszuhelfen suchen."

Den 10. August.

Goethe erklärt sich für so durchaus in Prämissen und Grund=sätzen mit Meyern einverstanden, daß es Beiden oft schwer wird, zu einer Unterhaltung oder Discussion zu kommen. Sie sitzen sich oft Stundenlang vergnügt einander gegenüber, ohne daß einer mehr als abgebrochene Worte vorbringt. Wenn Goethe ein Kunstwerk erhält, verbirgt er es zuerst Meyern, um sich selbst ein Urtheil zu bilden, und nicht von einem fremden Urtheil über=rascht, überboten zu werden.

Sonntags, 12. August.

Zwischen dem Hof war ich lange bei ihm. Er sprach heute viel über Farbenlehre und Naturstudium. Lehren, überlie=fern lasse sich jene gar nicht, man müsse sie selbst machen, durch unmittelbares Anschauen und Reflectiren. Es gelte ein Thun, kein Theoretisiren.

Sodann sprach er viel über Cannings Tod.[1] „Man hefte sich klügelnd bei solchen großen, folgereichen Vorfällen an die Einzelnheiten vermeintlicher Ursachen. Darin liegt es nicht, es mußte so kommen, wenn auch das Einzelne anders geschehen wäre." Dieser Glaube an eine specielle Vorsehung trat auch schon einst in seinem Parkgarten klar hervor, als er mir des Hofraths Vogel ärztliche Hülfe zu suchen anrieth. „Unser Leben kann sicherlich durch die Aerzte um keinen Tag verlängert werden, wir leben so lange es Gott bestimmt hat; aber es ist ein großer

---

[1] † in Chiswik 8. Aug. 1827.

Unterschied, ob wir jämmerlich, wie arme Hunde leben, oder wohl und frisch, und darauf vermag ein kluger Arzt viel."

Donnerstag, 23. August.

Ich traf ihn mit seinem Sohn und Töpfern bei Tische, Tagebücher der Jenaischen Bibliotheksmänner wurden vorgezeigt und deren ausnehmender Nutzen, wie überhaupt der Tagebücher und Agenda, gepriesen. „Wir schätzen ohnehin die Gegenwart zu wenig, sagte er, thun die meisten Dinge nur frohnweise ab, um ihrer los zu werden. Eine tägliche Uebersicht des Geleisteten und Erlebten macht erst, daß man seines Thuns gewahr und froh werde, sie führt zur Gewissenhaftigkeit. Was ist die Tugend Anderes als das wahrhaft Passende in jedem Zustande? Fehler und Irrthümer treten bei solcher täglichen Buchführung von selbst hervor, die Beleuchtung des Vergangenen wuchert für die Zukunft. Wir lernen den Moment würdigen, wenn wir ihn alsobald zu einem historischen machen."

Das Gespräch kam auf die Sängerin Sontag und nahm die heiterste und humoristischste Wendung. Er sprach von seinem Gedicht[1] auf sie, das ihr noch verborgen, nur durch ein zweites könne es producibel werden. Sie besitze ein wahrhaft charakteristisches Profil, eigensinnige Selbstständigkeit und grandiose Festhaltung an Ideen ausdrückend, fast Proserpinenartig; aber nur einmal, bei einer raschen Wendung des Gesichts, als sie etwas widersprechen zu müssen glaubte, sei dieses Profil hervorgetreten   Und gerade deßhalb achte und liebe ich sie, versichete er, nicht der sentimentalen oder graziös-naiven Mienen wegen, die sie sich antrillirt.

Witz auf Witz entquoll den beredten Lippen, heiterste und pikanteste Ausfälle nach allen Seiten.   Ich wirke nun 50 Jahre in meinen öffentlichen Geschäften nach meiner Weise, als Mensch, nicht kanzleimäßig, nicht so direct und folglich etwas minder platt. Ich suche jeden Untergebenen frei im gemessenen Kreise sich bewegen zu lassen, damit er auch fühle, daß er ein Mensch

---

[1] Goethe's Werke XV. 104.

sei. Es kommt Alles auf den Geist an, den man einem öffent=
lichen Wesen einhaucht und auf Folge.

Dann sprach er von Zelters herrlichem Bilde von Begas
und wir fuhren aus.

Gelegentlich des Eckendahl'schen Namens, bemerkte er, die
Sachsen, vornehmlich die Ostfriesen, hatten von jeher mehr Cultur
als die südlichern Deutschen. Was ist Cultur anderes als ein
höherer Begriff von politischen und militärischen Verhältnissen?
Auf die Kunst sich in der Welt zu betragen und nach Erfordern
dreinzuschlagen, kommt es bei den Nationen an.

Als er auf die Frau Großfürstin zu sprechen kam, äußerte
er, wie er sie ganz vorzüglich wegen ihrer entschiedenen prakti=
schen Richtung, großen Aufmerksamkeit auf Alles und vorurtheils=
freien Auffassung der menschlichen Zustände verehre. Immer sei
sie gegen ihn dieselbe, gerade da wieder anknüpfend, wo sie zuletzt
mit ihm zu irgend einem Punkte gelangt sei.

Donnerstag, 30. August.

Ich hatte mich selbst heute bei Goethe zu Mittag eingeladen
und fand noch Parthey von Berlin, den Enkel Nicolai's. Dieser
erzählte uns seine Audienz beim Pascha von Aegypten, dem er
ein besseres Zeugniß gab als andere Berichterstatter. Goethe
war damit sehr einverstanden, da er den Pascha immer aus
freierem Gesichtspunkte betrachtet hatte.

Ich referirte darauf wie Se. M. der König von Bayern
mich gestern Abend vor dem Theater zu einem Besuch im Schil=
ler'schen Hause mitgenommen habe, wie er über die engen Räume,
die Schiller bewohnt, gewehklagt und geäußert habe: hätte ich
nur damals schon freie Hand gehabt, ich hätte ihm Villa di Malta
in Rom eingeräumt und dort, dem Capitol gegenüber, hätte er
die Geschichte des Untergangs von Rom schreiben sollen.

Allein Goethe meinte, Italien würde Schillern nicht zugesagt,
ihn eher erdrückt, als gehoben haben. Seine Individualität sei
durchaus nicht nach außen, nicht realistisch gewesen. Habe er
doch nicht einmal die Schweiz besucht.

Goethe kam sodann auf die vielerlei Fragen und Singulari=
täten, die der König ihm vorgelegt, zu sprechen. Auf manche
derselben habe er ausweichend, zweideutig antworten zu müssen
geglaubt und geradezu erklärt, er mache es wie in der Normandie,
wo, wenn man den Geistlichen frage, ob er in die Kirche gehe?
immer erwiedert werde: „C'en est le chemin.“

Auch darüber, warum man Goethen den letzten Heiden ge=
nannt, habe der König gesprochen, worauf Goethe geäußert:
man müsse sich doch den Rücken frei halten und so lehne er sich
an die Griechen. Uebrigens sei es ihm unschätzbar den König
persönlich gesehen zu haben, denn nun erst könne er sich dieß
merkwürdige, viel bewegliche Individuum auf dem Throne all=
mählich erklären und construiren. In derselben Zeit zu leben
und diese Individualität, die mit aller Energie seines Willens
so mächtig auf die Zeitgestaltung einwirke, nicht durchschaut zu
haben, würde unersetzlicher Verlust gewesen sein.

Ueber des Königs Abschiedsworte an die junge Mad. Ridel[1]
„Gesunde Kinder, leichte Wochen“ wurde viel gestritten. Goethe
meinte, das sei ein Majestätsrecht von natürlichen Dingen natür=
lich zu sprechen.

Nach Tische wurde Goethe immer aufgeregter und herzlicher;
es sei nichts Kleines, sagte er, einen so großen Eindruck, wie
die Erscheinung des Königs, zu verarbeiten, ihn innerlich auszu=
gleichen. Es koste Mühe dabei aufrecht zu bleiben und nicht zu
schwindeln. Und es komme ja doch darauf an, sich diese Erschei=
nung innerlich anzubilden, das Bedeutende davon klar und rein
sich zu entwickeln. Auch sinne er noch auf etwas, wie er dem
König sich dankbar erweisen möge. Das sei aber sehr schwer, ja
direct ganz unthunlich. Ich möge dazu helfen, erfinden, combi=
niren. Darauf schlug ich eine neue römische Elegie vor. Er
lobte den Gedanken, meinte aber, er werde ihn nicht auszuführen
vermögen; habe er doch auch beim Abschied der Prinzeß Marie[2]
nichts hervorbringen können, wie immer, wenn sein Gefühl zu

---

[1] Frau des Landesdirectionsrathes E. H. Herm. E. Ridel.

[2] Prinzessin v. S.=Weimar, verm 1827 26. Mai mit Prinz Karl von
Preußen.

mächtig aufgeregt sei. Aus Norden, setzte er hinzu, habe ich kürzlich die schönsten und zartesten Aeußerungen über meine Trilogie und über Helena vernommen. Jene hat man mit der Perlenschrift „der Thränen geschrieben" genannt.

Wir sprachen dann über des Großherzogs Aeußerungen über Helena. „Wie schade," äußerte Goethe, „daß dieser großsinnige Fürst auf der Stufe französischer materieller Bildung in Rücksicht auf Poesie stehen geblieben ist."

Mittwochs, 5. September.

Diesen Morgen war Goethe durch Schukowsky's und v. Reuters Besuch so freundlich bewegt, daß ich ihn fast nie liebenswürdiger, milder und mittheilender gesehen. Was er diesen Freunden nur irgend Angenehmes, Inniges, Förderndes an Urtheil, Wink, Beifall, Liebe zuwenden konnte, holte er hervor oder sprach es aus. Reuters Zeichnungen hatten wir schon vorher durchgesehen. Er bewunderte besonders die Schärfe seiner Auffassung und Umrisse. Er schien sich wie in einer neuen, lang ersehnten, frischen Lebensatmosphäre zu befinden, während er mit Reuter von Kunst= und Natur=Darstellung sprach. Froh, daß ich die werthen Freunde zu längerem Hierbleiben beredet hatte, äußerte er: „Meine Zeit ist so eingerichtet, daß für Freunde immer genug da ist."

Donnerstags, den 6. September.

Als Schukowsky, Reuter und ich Goethen gegen Abend besuchten, fanden wir ihn abgespannt, matt und leidend, so daß wir nicht lange verweilten. Doch äußerte er launig, als von der Sucht mancher sein wollenden Kenner, alle Bilder für Copien zu erklären, gesprochen wurde: „So haben sie uns ja auch manche alte Pergamente wie mit dem Besen ausgekehrt und weggefegt. Ich will immer lieber eine Copie für ein Original gelten lassen, als umgekehrt. Bilde ich mich doch in jenem Glauben an dem Bilde herauf."

Nun laßt sie immerhin gewähren; Sonne, Mond und Sterne müssen sie uns doch lassen und können sie nicht zu Copien machen. Und daran haben wir im Nothfalle genug. Wer es ernst und fleißig treibt, wird daran genug finden. Man lasse sich nur nicht irren, suche vielmehr das eigne Urtheil immer mehr zu bestätigen, in sich zu befestigen.

Freitags, 7. September.

Viel zu kalt meiner Meinung nach, nahm Goethe Schukowsky's herrliches Abschiedsgedicht[1] auf, wiewohl er etwas Orientalisches, Tiefes, Priesterliches darin anerkannte. Er war heute ein ganz anderer wie vorgestern. Meyers Nähe mochte einwirken, vor dem er sich gleichsam scheut, Gefühl zu zeigen. Dieser kam mir heute recht mephistophelisch vor, so kalt, so weltverachtend, so lieblos.

---

[1] In der Morgenstunde der Abreise niedergeschrieben und offen dem Geh. Rathe v. Müller für Goethe behändigt. Es lautet:

Dem guten großen Manne.

Du Schöpfer großer Offenbarungen! treu werde ich in meiner Seele bewahren den Zauber dieser Augenblicke, die so glücklich in Deiner Nähe dahinschwanden.

Nicht vom Untergange spricht Deine herrlich flammende Abendsonne! Du bist ein Jüngling auf der Gottes-Erde und Dein Geist schaffet noch, wie er schaffte.

Ich trage in meinem Herzen die Hoffnung, Dir noch einmal hier zu begegnen! Noch lange wird Dein Genius sein der Erde bekanntes Gewand nicht ablegen.

In dem entfernten Norden verschönerte Deine Muse mir die Erde! Und mein Genius Goethe gab Leben meinem Leben!

O warum vergönnte mir nicht mein Schicksal, Dir in meinem Frühling zu begegnen. Dann hätte meine Seele ihre Flamme auf der Deinigen entzündet!

Dann hätte eine ganz andere wunderherrliche Welt sich um mich gestaltet; und dann vielleicht auch von mir wäre eine Kunde zu der Nachwelt gelangt: er war ein Dichter.

Schukossky, 7. Sept. 1827.

Das Gedicht[1] über Weimar, welches der König von Bayern mir aus Fulda überschickt hatte, schalt Goethe als zu subjectiv; es sei gar nicht poetisch, die Vergangenheit so tragisch zu behandeln, statt reinen Genusses und Anerkennung der Gegenwart, und jene erst todtzuschlagen, um sie besingen zu können. Vielmehr müsse man die Vergangenheit, sowie in den römischen Elegien, behandeln. Graf Löben habe auch einmal ihm, Goethen, zum Geburtstag vorgesungen, wie er ihn erst nach seinem Tode recht loben wolle. Weil die Menschen die Gegenwart nicht zu würdigen, zu beleben wüßten, schmachteten sie so nach einer bessern Zukunft, coquettirten sie so mit der Vergangenheit. Auch Schukowsky hätte weit mehr aufs Object hingewiesen werden müssen.

Darauf las ich ihm meine Antwort an den König vor, mit der der Großherzog und die Großherzogin sehr zufrieden gewesen waren. Sie schien ihm jedoch nicht ganz zu behagen; doch wollte er in kein Detail eingehen, entschuldigend, daß er heut zu müd' und schlaff zur Kritik sei. „Ihr macht schöne Verse, ohne die Verskunst; ihr haltet passende Reden ohne die Rhetorik studiert zu haben. Das geht wohl recht gut eine Zeit lang, aber zuletzt reicht es doch nicht aus."

Er versprach, ein andermal sich näher auszusprechen.

Dienstags, den 11. September.

Nachmittag traf ich den Künstler Zahn, der eben aus Pompeji kam, bei Goethe an. Seine Durchzeichnungen Pompejanischer Wandgemälde lagen auf dem Fußboden des Salons ausgebreitet. Goethe schwelgte in ihrem Anschauen. Ich erbaue mich daran, sagte er, denn ich nenn' es er bau en, wenn man zu dem, was man für das Rechte hält, die Bestätigung und die Belege findet.

Donnerstags, 13. September.

Heute war Dejeuner im Armbrust-Schützenverein. Goethe ließ seinen Dankestoast durch seinen Sohn ausbringen, welcher

[1] Nachruf an Weimar:
　　Träume her aus einem schönern Leben u. s. w.
unter dem 3. Sept. an Müller gesandt. Gedruckt in den Gedichten des Königs II. 72.

auch seine silberne Medaille von Bovy[1] zum Geschenk übergeben mußte und späterhin durch Stiftung einer schönen Armbrust von 1731 ein gar passendes gemüthliches Impromptu machte.

Ich saß neben dem alten Herrn. „Ich bin eben im Mittelalter," sagte er, „indem ich Ludens Geschichte desselben lese, und so kommt mir die lebendige Anschauung einer solchen Tradition der Vorzeit, wie dieses Armbrustschießen, eben recht. Ihr Neuern mit Eurem Centralisiren, wie wäret Ihr wohl im Stande, einem Institut so viel Lebenskraft einzuhauchen, wie diese Corporation seit Jahrhunderten bewährt hat?"

Auf der sinnreich verzierten Torte stand:

> „Ein ewiger Frühling bist Du uns beglückend,
> Ringsum die Welt mit Deinen Gaben schmückend."

Bei Tische, zu dem auch ich wieder geladen war, blieb Goethe fortwährend sehr munter. Als Zahn erzählte, daß man erst etwa den achten Theil vom Pompeji ausgegraben und noch reiche Ernte, aber erst nach vielen Jahren, zu gewärtigen habe, meinte Goethe: „Ei nun, um verständig und klug zu werden, haben wir schon jetzt genug, wenn wir nur wollten."

Unter die ihm verhaßte Jean Paul'sche Einschrift der Frau von Spiegel[2] in Walthers Stammbuch: „Der Mensch hat eine[3] Minute zum Lächeln, eine zum Seufzen, eine halbe nur zum Lieben, denn in Mitte[4] derselben stirbt er," schrieb er persiflirend:

> „Ihrer sechzig hat die Stunde,
> Mehr[5] als tausend hat der Tag,
> Söhnchen, werde dir die Kunde,
> Was man alles leisten mag."

[1] Goethe-Zelters Briefw. IV. 90. Hättest Du wohl das Blättchen noch einmal, worauf Deine Medaille von Bovy geschnitten und von Schwerdgeburth gestochen ist.

[2] Also erst jetzt wird festgestellt, von wem die Einzeichnung gemacht worden ist, vergl. Goethe's Werke XV. 103.

[3] Ungenau; es heißt dritthalb.

[4] Goethe's Werke: in dieser Minute.

[5] Goethe's Werke XV. 103: Ueber tausend.

In dasselbe Stammbuch hat er auch aus dem Griechischen folgendes Räthsel geschrieben:[1] „Es ist weder sterblich noch unsterblich und so seltsamer Natur, daß es weder nach Menschen Art, noch nach Götterweise lebt, sondern stets von neuem geboren wird, wechselseits zum Untergang; Niemand hat es gesehen und doch kennen es alle; Kindern ist es besonders zugeneigt."

Donnerstags, 6. März 1828.

Ich traf gegen 4 Uhr Hofrath Meyer bei Goethe an. Letzterer war sehr munter, ja aufgeregt; wie ein Gewitter bei heiterm Himmel suchte er sich seiner Kraftfülle durch geistige Blitze und Donnerschläge zu entledigen. Knebeln über Meteorologie consultiren, äußerte Goethe, heiße den Barometer über den Barometer befragen. Voltaire habe gesagt, die Erde sei eine alte Coquette, die sich jung zu machen strebe. Die Atmosphäre sei auch so eine Coquette, die eine zeitlang geregelten Gang affectire, aber bald sich dem ersten besten Wind preis gebe.

Daß man über Wellingtons Omnipotenz als Premier-Minister jetzt schelte, sei absurd; man sollte froh sein, daß er endlich seinen rechten Platz eingenommen; wer Indien und Napoleon besiegt habe, möge wohl mit Recht über eine lumpige Insel herrschen. Wer die höchste Gewalt besitze, habe Recht; ehrfurchtsvoll müsse man sich vor ihm beugen. Ich bin nicht so alt geworden, um mich um die Weltgeschichte zu bekümmern, die das Absur-

---

[1] Abgedr. in Kunst und Alterthum V. 3, 192, von 1826:

> Nicht sterblich, nicht unsterblich, aber von Natur
> Gebildet also, daß er nicht nach Menschenart
> Noch Götterweise lebe, sondern stets aufs neu
> Geboren werde, wechselsweis zum Untergang
> Gesehen von Keinem, allen aber doch bekannt
> Vorzüglich Kindern, die er sich besonders liebt.

(Vergl. übrigens Strehlke III. 370. —) Es ist ein Räthsel des Alexis bei Athenäus X. p. 449[d] Οὐ θνητὸς οὐδ᾽ ἀθάνατος etc. Auflösung der Schlaf. Die letzte Zeile im Deutschen ist Zusatz Goethe's.

beste ist, was es giebt; ob dieser oder jener stirbt, dieses oder jenes Volk untergeht, ist mir einerlei; ich wäre ein Thor, mich darum zu bekümmern.

Wenn Alexander Humboldt und die andern Plutonisten mir's zu toll machen, werde ich sie schändlich blamiren; schon zimmere ich Xenien genug im Stillen gegen sie; die Nachwelt soll wissen, daß doch wenigstens ein gescheidter Mann in unserm Zeitalter gelebt hat, der jene Absurditäten durchschaute. Ich finde immer mehr, daß man es mit der Minorität, die stets die gescheidtere ist, halten muß.

Als Meyer fragte, was es denn eigentlich heißen wolle, Plutonist oder Neptunist, sagte Goethe: O danket Gott, daß Ihr nichts davon wißt, ich kann es auch nicht sagen, man könnte schon wahnsinnig werden, es nur auseinander zu setzen. Ohnehin bedeutet solch' ein Parteiname späterhin nichts mehr, löst sich in Rauch auf; die Leute wissen schon jetzt nicht mehr, was sie damit bezeichnen wollen. Ihr müßt verzeihen, wenn ich grob bin, ich schreibe jetzt eben in den Wanderjahren an der Rolle des Jarno, da spiele ich eine Weile auch im Leben den Grobian fort.

Was soll es nur hier in Weimar mit dem Wit=Döring [1] werden? Man wird es schon bereuen, ihn hier zu haben; in seinen Memoiren ist kein Funke Geist. Er ist zum steten Gefängniß von der Natur bestimmt; darin spielt er seine Streiche. Wär' ich Fürst, ich ließ ihn gleich wieder verhaften, damit er in sein Element zurück käme. Gesehen und gesprochen hab' ich ihn wohl einmal, warum nicht? als Phänomen; aber ich wäre ein Lump, wenn ich ihn zum zweiten Male sähe.

Der Großherzog ergötzt sich an seinem Hiersein, um einmal wieder sich an einer Gefahr zu laben, um einmal wieder einen zahmen Wolf zu haben, der unter seinen Hunden und Schafen herum renommire.

Der Kerl hat meine Abschiedsformel an ihn: „Sie haben

---

[1] Bekannter Demagog Wit (Frd. Joh. gen. von Döring). Vgl. seine Erlebnisse in „Lucubrationen eines Staatsmannes 1827. Mein Jugendleben und meine Reise 1832. Fragm. aus meinem Leben und meiner Zeit 1827—1830."

selbst drucken lassen, daß Sie verführerisch seien und daß man
sich nicht zu viel mit Ihnen einlassen müsse," günstig für sich gedeu-
tet; das macht mir Spaß. Nun er **erregt** doch; darauf kommt
Alles an, sei es durch Haß oder Liebe. Man muß nur immer
sorgen erregt zu werden, um gegen die Depression anzukämpfen.
Das ist auch bei jetziger deprimirender Witterung der beste medi-
cinische Rath. Wer mit mir umgehen will, muß zuweilen auch
meine Grobianslaune zugeben, ertragen, wie eines andern Schwachheit oder Steckenpferd. Der alte Meyer ist klug, sehr klug; aber
er geht nur nicht heraus, widerspricht mir nicht, das ist fatal.
Ich bin sicher, im Innern ist er noch zehnmal zum Schimpfen
geneigter als ich und hält mich noch für ein schwaches Licht.
Er sollte nur aufpoltern und donnern, das gäbe ein prächtiges
Schauspiel.

Sonnabends, 16. August.

Nach Tische traf ich bei Goethe Professor Heinroth von
Leipzig, Frommann, Vogel, Riemer und Zahn, der zugleich
Abschied nahm. Nach kurzer Frist fuhr ich mit Goethe spazieren,
gegen Süßenborn zu. Ich unterhielt ihn von Carlyle's Aufsatz [1]
über den Karakter seiner Schriften. Er erzählte, wie er diesem
wackern Mann kürzlich ein „Schwänchen" überschickt, nämlich
seine Taschenausgabe, den Faust, die Medaille, Kupferstich, eine
eiserne Busennadel für die Frau ꝛc. Diese Art Menschen, sagte
er, wie wir auch an Bracebridges sehen, führen ein viel in-
nigeres, zusammengenommeneres Leben als wir in unserer Zerstreuung; sie sind wie mitten im Weltmeere auf einem engen
Kahn vereint, unbekümmert um das Getobe und Gebrause um
sie her.

Von Bonstetten hatte Goethe kürzlich einen herzlichen Brief
bekommen, den er mir zu zeigen versprach.

[1] Ohne Zweifel der Artikel Goethe in Foreign Review 1828,
s. Eckermann II. 31. In A. Kretzschmers ausgewählten Schriften ist
der Aufsatz nicht aufgenommen, sondern derselbe wird gleich im Beginn
des Aufsatzes von 1832 angezogen.

Als wir bei einem neuen Gebäude vorüber fuhren, das ihm mißfiel, äußerte er: „Meine Lehre ist von jeher diese: Fehler kann man begehen, wie man will, nur baue man sie nicht auf. Kein Beichtvater kann von solchen Bausünden jemals absolviren."

Ein Student aus Berlin, nach Paris reisend, war bei ihm diesen Nachmittag eingesprochen und sofort angenommen worden. „Ich sehe solche Leute gern, man thut dabei einen Blick in die weite Welt hinaus und hat die behagliche Empfindung, nicht selbst reisen zu müssen."

Darauf Manzoni's gedenkend: wäre ich jünger, so hätte ich sogleich die Spossi promessi à la Cellini bearbeitet. Beim Ueber-setzen muß man sich nur ja nicht in unmittelbaren Kampf mit der fremden Sprache einlassen. Man muß bis an das Unüber-setzbare herangehen und dieses respectiren, denn darin liegt eben der Werth und der Karakter einer jeden Sprache.

Und als ich ihm von Graf Reinhards Reise nach Norwegen erzählte, rief er aus: Welche Verwegenheit für einen Mann seines Alters. „Doch was einer ausführen kann, das darf er auch unternehmen."

Am 17. Mai 1829, Sonntags,

war ich von 4 — 6 Uhr bei ihm, meist mit Coudray. Goethe war sehr mittheilend und ruhig heiter.

Die Menge, die Majorität ist nothwendig immer absurd und verkehrt; denn sie ist bequem, und das Falsche ist stets viel bequemer als die Wahrheit. Letztere will ernst erforscht und rücksichtslos angeschaut und angewendet sein. Das Falsche aber schmiegt sich an jede träge, bequeme oder thörichte Individualität an, ist wie ein Firniß, mit dem man leicht alles übertüncht.

Er sprach vom Aufgeben seines Journals Kunst und Alter-thum. „Wenn man in und für die Zeit schreibt, ist es gar zu unangenehm, zu finden, daß man nichts auf sie wirkt. Ja wenn man Schillers und meinen Briefwechsel liest, da findet man wohl, daß diese Kerls es sich ganz anders sauer werden, ganz höllisch ernst sein ließen. Und man wundert sich, daß sie sich so viele Mühe geben mochten; die albernen Bursche dachten nach, suchten sich Alles klar zu machen; Theorien von dem, was sie geschaffen hatten, zu ergrübeln; hätten es sich leichter machen können und lieber was Frisches schaffen."

Wir besahen viele Köpfe und Lithographien, besonders die sehr schöne aus München, Helena Forman[1] von Rubens, lithographirt von Flachenecker. Oppenheims häßliche Susanne[2] ward sehr durchgehechelt. Sodann war die Gartenkammer mit den Rauch'schen Basreliefs der Blücher-Statue durchforscht.

Als wir auf Cotta und seine ewigen Zögerungen bei der Herausgabe der Goethe'schen Werke kamen, brach er heftig aus: „Die Buchhändler sind alle des Teufels, für sie muß es eine eigene Hölle geben."

B. 21. Mai.

Als ich im Parkgarten von Sternbergs Kommen sprach, antwortete er, ich hoffe er kommt nicht. Ich kann es niemand verargen, der sich nicht aus der Stelle bewegen mag und höchstens der Gefahr aussetzt, Besuch zu bekommen. Rochlitz wird ja nun wohl auch sich besinnen zu antworten, etwa ein zehnjähriges Schweigen wird ihm wohl ziemen. — Als ich sagte: Sternberg werde nun wohl wieder frisch auf sein, bemerkte Goethe: Unser Kanzler ist ein vortrefflicher Mann, aber er liebt immer die Improprietät der Ausdrücke. Wie soll ein Achtundsiebzigjähriger frisch sein?

Montags, 11. Januar 1830.

Ich traf Goethen gegen Abend ziemlich abgespannt und einsilbig; es gelang mir jedoch, nach vielen vergeblichen Versuchen, ihn endlich munter, gesprächig und heiter zu machen.

Darüber war ich sehr froh; denn nichts ist peinlicher als das

[1] Forment, Froment, aus dem alten Galleriewerk (Münchner Pinakothek).

[2] Moritz Oppenheim, geb. Hanau 1800; Susanna im Bade abgeb. in Raczynski's Gesch. der neueren deutschen Kunst.

Zusammensein mit ihm, wenn er jeden Gesprächsfaden sogleich fallen läßt, oder abreißt, auf jede Frage mit: „Gute Menschen! es ist ihnen aber nicht zu helfen;" oder „da mögt ihr jungen Leute zusehen, ich bin zu alt dazu," antwortet und manche lange Pause mit nichts als hm! hm! ausfüllt, auch wohl den Kopf wie aus Schläfrigkeit sinken läßt.

Als ich ihn an den Brief an den König von Bayern mahnte, fing er zuerst Feuer. „Wenn ich nur Jemanden hätte, der meine Briefe, wenn sie fertig dictirt sind, gleich expedirte.

Aber gar oft, wenn die Reinschrift mir vorliegt, gefallen sie mir nicht mehr, weil sich indeß meine Stimmung verändert hat. Während ich dictire, denke ich mir die Person, an die ich schreibe, als gegenwärtig, überlasse mich naiverweise dem Eindruck des Moments und meinem Gefühl; später aber vermisse ich jene Gegenwart und finde nun manches absurd und unpassend für den Abwesenden. Der Brief an den König ist fertig, sogar mundirt, aber ich kann mich nicht entschließen ihn abzusenden.

Labourdonnaye's Austritt aus dem Ministerium piquirte ihn, er möchte die wahre Ursache wissen. Auf meine Frage, was er denn eigentlich bei der jetzigen Krisis in Paris prophezeie? er= wiederte er: Leider glaube ich, daß die Minister irgend einen Gewaltschritt thun werden, aber ich kann mir doch nicht denken, daß die Liberalen sich gewaltsam opponiren, es sind zu wenige Revolutions-Momente dermalen im Volke vorhanden, und dem Gouvernement stehen lauter Leute gegenüber, die zu viel zu ver= lieren haben. Ich bin jetzt im zehnten Bande der St. Simon'= schen Memoiren, die mich aber zu ennuyiren anfangen, da die Periode der Regentschaft herangekommen! Habe ich mich schon ge= ärgert, daß der verständige, kluge, brave St. Simon unter Louis XIV. keinen Einfluß gewonnen, so ist es nun doppelt verdrießlich, ihn unter dem Halbmenschen Orleans so ganz null an politisch praktischer Wirksamkeit zu sehen. Jener König ist doch noch eine stattliche Figur, ein Tyrann, ein Herrscher von prononcirter Farbe gewesen, aber Orleans weiß durchaus nicht was er will, ist rein gar Nichts.

Als ich von der bewundernswürdigen Menge seiner täglichen Lectüre sprach, versicherte er, im Durchschnitt wenigstens einen

Octavband täglich zu lesen. So habe er kürzlich einen ganzen Band absurder Krummacher'scher Predigten durchlesen, ja einen Aufsatz darüber zusammen zu bringen versucht, den er an Röhr mittheilen wolle. Mir freilich werde seine Geduld dabei verwunderlich erscheinen, weil ich diese Predigten nur in Beziehung auf mich beurtheile; aber ihm sei daran gelegen, so ein tolles Individuum ganz kennen zu lernen und zu ergründen, wie es sich zu unserer Zeit und Bildung verhielte und sich darin habe gestalten können. Das zweite Gedicht „an Ihn" im Chaos[1] hielt er von einem Manne verfaßt; es sei bei aller poetischen Formgerechtigkeit gar zu unweiblich, abstract, ja arrogant. Er redete mir sehr zu, doch meinen Pisaner[2] Excurs ins Chaos zu geben und lobte meine italienischen Tagebücher ungemein.

Mittwochs, den 27. Januar.[3]

Ich traf ihn freundlich, doch etwas weniger munter als sonst, er war höchst bekümmert um die Großherzogin=Mutter.

Als Pendant zur Gagern'schen Politik=Haustafel hatte er von 1828 Notizen an seine Schlafkammerthüre angenagelt, und bemerkte dabei: Ich disponire bei der Bibliothekcasse über nichts, was nicht baar vorliegt; nur die Majestäten dürfen sich dem Bankerott nähern. Man bildet sich vergebens ein, daß man allen literarischen Erscheinungen face machen könnte; es geht einmal nicht; man tappt in allen Jahrhunderten, in allen Welttheilen herum und ist doch nicht überall zu Hause, stumpft sich Sinn und Urtheil ab, verliert Zeit und Kraft. Mir geht es selbst so; ich bereue es aber zu spät. Man liest Folianten und Quartanten durch und wird um nichts klüger, als wenn man alle Tage in der Bibel läse; man lernt nur, daß die Welt dumm ist, und das kann man in der Seifengasse hier zunächst auch erproben.

[1] In Nr. 18: Kann ich trösten, darf ich necken?

[2] Befindet sich in Müllers Tagebuch v. 1829 und ist ein Theil der Beschreibung seiner Italienischen Reise, über welche M. zu Pisa schrieb.

[3] Eckermann III. 281.

Er zeigte mir, wie die jetzt kleinere Venus gerade in so schöner, naher Conjunction mit dem Monde steht, auch den hell-glänzenden Orion, und sprach lange über den hohen Werth der Astronomie.

Freitags, 5. Februar.

Von 4½—6 Uhr war ich bei Goethe, zum Theil mit Ottilie. Er war sehr aufgeweckt und wir sprachen viel von der jüngsten Hofmaskerade, was denn zu lebhaften Erinnerungen an den Aufzug von 1810 Anlaß gab. „Mein Gott," sagte ich, „schon volle 20 Jahre!" „Ja," erwiederte er, „wenn die Zeit nicht noch so geschwinde liefe, wäre sie gar zu absurd."

„Du gehest vorüber, eh' ichs merke, und verwandelst dich, eh' ichs gewahr werde, steht im Hiob; ich hab' es zum Motto meiner Morphologie genommen."

B. Er war sehr böse, ja zornig, daß man wagen wollte, der Großherzogin-Mutter den Maskenzug vorzuführen; wenn man 80 Jahr alt ist, darf man grob sein, und ich will es auch sein.

Er zeigte mir eines Berliner Professors [1] neuestes Werk über die Weisheit des Empedokles, lobte es, fügte aber alsbald hinzu, glücklich alle, die sich nicht mit solchem abstrusen Zeug abzu-geben haben.

Mittwochs, [2] 10. Februar.

Als er über Magnetismus und die Seherin von Prevorst [3] sprach, bemerkte er, ich habe mich immer von Jugend auf vor diesen Dingen gehütet, sie nur parallel an mir vorüber laufen lassen. Zwar zweifle ich nicht, daß diese wundersamen Kräfte in der Natur des Menschen liegen, ja, sie müssen darin liegen, aber man ruft sie auf falsche, oft frevelhafte Weise hervor. Wo ich

[1] B. H. E. Lommatzsch, die Weisheit des Empedokles nach ihren Quellen und deren Auslegung philosoph. bearb. Berlin 1830.

[2] Vergl. Eckermann III. 290.

[3] Vergl. Justinus Kerner über die Seherin v. P. Stuttgart 1846

nicht klar ſehen, nicht mit Beſtimmtheit wirken kann, da iſt ein
Kreis, für den ich nicht berufen bin. Ich habe nie eine Som=
nambule ſehen mögen."

Darauf ſprach er lange und bewegt über die gefährliche
Krankheit der Großherzogin=Mutter, die ihn tief bekümmerte.
Schwebt ſie mir doch noch lebhaft vor den Augen, als ich ſie
im Jahre 1774 ſchlank und leicht in den Wagen ſteigen ſah, der
ſie nach Rußland brachte, es war auf der Zeil zu Frankfurt.
Und ſeit jener erſten Bekanntſchaft blieb ich ihr treu ergeben;
nie hat der geringſte Mißklang ſtatt gefunden.

Sonntags,[1] 14. Februar.

Heute am Todestag der Großherzogin=Mutter war ich Nach=
mittags wohl eine Stunde bei ihm. Er zeigte ſich gefaßter als
ich ihn erwartet hatte, doch ſprach er wenig darüber und ſchien
ſehr unruhig.

Dienſtags, 16. Februar.

Ich traf ihn ungefähr in derſelben Stimmung. Als aber
Coudray erſchien, ließ er ſich die Zeichnungen zum Trauerparade=
Saal vorlegen und ſprach mit Ruhe und Theilnahme lange dar=
über. Er freute ſich, daß die Beerdigung des Morgens ſein
ſolle; er haſſe die des Nachmittags; wenn man vom Tiſche auf=
ſtehe, einem Leichen=Conduct zu begegnen, ſei gar zu widerwärtig
und mahne an jenes kleine Skelett von Silber, was der abge=
ſchmackte reiche Römer Trimalchio[2] ſeinen Gäſten immer beim

---

[1] Vergl. Eckermann II. 184, III. 291.

[2] Vergl. Petronius Satirae Cap. 34 (Bücheler) Potantibus ergo
et accuratissime lautitias mirantibus larvam argenteam attulit
nobis servus sic aptatam, ut articuli ejus vertebraeque luxatae in
omnem partem flecterentur. Hanc cum super mensam semel
iterumque abjecisset et catenatio mobilis aliquot figuras exprimeret,
Trimalchio adjecit:

Eheu nos miseros, quam totus homuncio nil est.

Sic erimus cuncti, postquam nos auferet Orcus.

Ergo vivamus, dum licet esse bene.

Defert als Memento mori zuſchob. Uebrigens, ſetzte er ſehr
ernſt hinzu, imponirt mir ein Sarg nicht, das könnt Ihr
doch wohl denken.

Donnerſtags, 18. Februar.

Er war vom Heimfahren der großherzoglichen Beerdigungs=
Equipagen früh nach 5 Uhr geweckt worden, doch ziemlich heiter
geſtimmt, ja aufgeregter als gewöhnlich. Ich und ſein Sohn
mußte ihm alle Beerdigungsfeierlichkeiten genau erzählen. Ich
eröffnete ihm mein Nekrolog=Vorhaben, das er ſehr billigte, und
vor allem ein Schema aufzuſetzen anrieth. Nicht allzu liberal
dürfe man die Fürſtin ſchildern; ſie habe vielmehr ſtandhaft an
ihren Rechten gehalten. Ihre geſellige Herablaſſung ſei mehr
das Auslaufen ihrer Standesrichtung geweſen. Ihr Mißverhält=
niß zur Schwiegermutter, ja zur Tochter ſei als Naturerſcheinung
der Weiblichkeit anzuſehen, unwillkürlich geweſen. Im Franzö=
ſiſchen habe man ein Sprichwort: Schwiegermütter von Zucker
gebacken, ſchmecken dennoch bitter. Bei ihrer Lebensſchilderung
gelte es de voir venir son caractère (ſie herankommen zu ſehen).

Er erzählte vom Verbrennen aller ſeiner Briefe bis 1786,
als er nach Italien zog. Es lerne ja doch Niemand viel aus
alten Briefen, man werde nicht klüger durch antécédents.

Was gut in den Briefen geweſen, habe ſeine Wirkung ſchon
auf den Empfänger und durch ihn auf die Welt ſchon vollendet;
das Uebrige falle eben ab wie taube Nüſſe und welke Blätter.

Alles käme darauf an, ob Briefe aufregend, productiv, be=
lebend ſeien.

Rochlitzens Briefe, wie ſchön und lieb auch, förderten ihn
doch niemals, ſie ſeien meiſt nur ſentimental. Beſtimmte ein=
zelne Mittheilungen der durch die Wanderjahre empfangenen Ein=
drücke habe Rochlitz verweigert, ſtatt deſſen die alberne Idee ge=
faßt, das Ganze ſyſtematiſch conſtruiren und analyſiren zu wollen.
Das ſei rein unmöglich, das Buch gebe ſich nur für ein Aggre=
gat aus.

Lange war er nicht ſo lebhaft und traulich ſich ausſpre=
chend, ſo bündig, belehrend und anregend, wie heute. Von ſeiner

Jugend sagte er: „Ich war ein leidlicher Kerl, ließ mich auf keine Klatschereien ein, stand Jedem in guten Dingen zu Diensten, und so kam ich durch."

Den 22. Februar.

Goethe zeigte heute Kupferstiche von Cornelius und sprach vom Plutonischen[1] Reich in der Glyptothek und Laborde's Zeichnungen von Pera und Umgegend. Ich theilte ihm die wohlgeschriebene Vertheidigung der Gedichte des Königs von Bayern gegen die höhnische Kritik im Universel mit.

Zur Biographie der Großherzogin=Mutter gab er die Formel: „Echte Fürstlichkeit durch die Weimarischen individuellen Zustände ins Idyllische hinüber gezogen. Er freute sich sehr der ausgleichenden Aufschlüsse, die Demoiselle Lorch[2] über die Ursachen der Verstimmung zwischen Prinzeß Caroline und ihrer Mutter gegeben. Vom sel. Großherzog sagte er: Er war eigentlich zum Tyrannen geneigt, wie keiner, aber er ließ Alles um sich her ungehindert gehen, so lange es nur ihn nicht selbst in seiner Eigenschaft berührte.

Es ist unglaublich, wie viel er in seinem Kreise aufgeregt und zu wie vielen schweren Leistungen er angeregt und aufgefordert hat. Gewiß, wo auch sein Geist im Weltall seine Rolle gefunden, er wird dort seine Leute wieder gut zu pflegen wissen. „Der Großherzog ließ sich anmelden, und so mußten wir abbrechen.

Daß er das Falk'sche[3] Gedicht auf den Tod der Großherzogin verwarf, that mir leid. Er beschuldigte es des Sansculotismus, und sprach sich überhaupt ungünstig über Falk aus.

1. März.

„Schiller war ganz ein anderer Geselle als ich und wußte in der Gesellschaft immer bedeutend und anziehend zu sprechen.

---

[1] P. v. Cornelius' Orpheus in der Unterwelt.

[2] Demois. Caroline Lorch, frühere Kammerfrau bei der Herzogin Amalia, dann bei der Großherzogin Louise.

[3] Falk hatte das Gedicht gemacht, als die Großherzogin, an deren Wiederaufkommen man allgemein zweifelte, noch lebte. So erklärt sich

Ich hingegen hatte immer die alberne Abneigung von dem, was mich gerade am meisten interessirte, zu sprechen.

Ja bei der Herzogin=Mutter freilich konnte ich zuweilen eine Stunde amüsiren; wenn das artige Wesen „die Kehle"[1] umher trippelte und „Närrischer Geheimerath" sagte, da improvisirte ich oft eine Erzählung, die sich hören ließ; ich hatte damals des Zeugs zu viel im Kopfe und Motive zu Hunderten."

Sonntags,[2] den 7. März.

Ich traf G. in den vordern Zimmern. Eine von David eben erhaltene Sendung von Büchern und Medaillons verbarg er mir. Er war aufgeregter als gewöhnlich. — „Nun laßt nur mit allen Glocken läuten; macht, daß Ihr die Alten alle begrabt und seht zu, wie Ihr mit den Jungen fertig werdet. Seid nur lustig und wohlgemuth dabei, das ist die Hauptsache."

Als ich ihm St. Aignans Condolenzbrief[3] zeigte und hinzu fügte: „Wie wollen Sie in so wenig Zeilen mehr und Verbindlicheres ausdrücken?" nahm er es ganz übel und nannte es eine triviale Redensart, die man ihm gegenüber nicht brauchen sollte. Doch lenkte er gleich wieder in Scherz über. An Reinhard könne er unter einem Monat nicht schreiben, man fordere zu viel von ihm, er müsse Bankerott mit seiner Zeit machen. Wenn man die achtziger Jahre überschritten habe, gehe nicht Alles so leicht von der Hand.

Niemand frage darnach, wie viel Mühe ihm die Herausgabe seiner Werke mache, und dann nehme doch Niemand, wenn sie

die Möglichkeit, daß Falk auf den Tod der Großherzogin, welche 1830 starb, ein Gedicht machen konnte, während er selbst schon im Februar 1826 starb.

[1] Er meint ohne Zweifel Fräul. von Wolffskeel (nachmals des Ministers von Fritsch Gemahlin), die, Hoffräulein der Herzogin Amalia, sehr gut bei ihm angeschrieben war (er nannte sie als Würtembergerin: Kammeräble; auch „Kehle" paßt auf Wolffskeel), und hat ihr auch Paläophron und Neoterpe dictirt.   (Schöll.)

[2] Vergl. Eckermann II. 194.

[3] Vom 24. Mai 1830 an Müller.

erschienen, sonderlich Notiz davon. Von Auguste Jacobi[1] sagte er: sie verwandle mit ihrem scharfen Geiste alle Poesie Augenblicks in Prosa, versire in beständiger K l a r h e i t, aber des Irrthums. Eben als ich mehr darüber mittheilen wollte, trat Coudray ein.

Sonntags, 14. März.

Als ich ihm Feuerbachs theilnehmende Nachfrage meldete, entgegnete er: „Nun, antworten Sie nur, mein Bündel sei geschnürt und ich warte auf Ordre zum Abmarsch." Als es sich nun um die Kenntniß einiger Staël'schen Briefe handelte, sagte er ausweichend: „Es kommt doch bei all' dem Auslesen alter Briefe nichts heraus."

Den 20. März.

„Was ist denn überhaupt am Leben? Man macht alberne Streiche, beschäftigt sich mit niederträchtigem Zeug, geht dumm aufs Rathhaus, klüger herunter, am andern Morgen noch dümmer hinauf."

Den 21. März.

Heute regte er lebhaft an, meinen Nekrolog der Großherzogin-Mutter[2] rasch zu vollenden.

Den 23. März.

Ich erntete großen Beifall für meine Arbeit. „Nacherfinden kann man Andern nicht leicht, man beurtheilt was schon da ist." Er war in seinem hintersten Zimmer nach der Straße zu, rings umher Kupferstiche, Zeichnungen ꝛc. die Fülle. Meine eignen Versuche im Zeichnen haben mir doch den großen Vortheil gebracht, die Naturgegenstände schärfer aufzufassen; ich kann mir

---

[1] Die Enkelin des Philosophen, lebte längere Zeit in Müllers Hause und kam mit Goethe vielfach in Berührung (geb. 10. Nov. 1803).

[2] Der lesenswerthe Nekrolog steht in der Allgemeinen Zeitung 1830. Nr. 90—92.

ihre verschiedenen Formen jeden Augenblick mit Bestimmtheit
zurückrufen.   Seit ich die Zeitungen nicht mehr lese, bin ich viel
freieren Geistes   Mein Sohn wird in Italien seine eigenen
Wege gehen, das Lumpenpack kümmert sich viel um die Väter.

Wir kamen auf sein Gespräch mit Napoleon und dessen
gewöhnlichen Zusatz: Qu'en dit Mr. Goethe? Als ich sagte: es
sei schrecklich sich zu sagen, daß das schon 22 Jahre her wäre,
erwiederte er: „Man muß es sich auch nicht sagen, sonst wäre
es zum Tollwerden.   Vor Gott sind tausend Jahre wie ein Tag;
warum sollen wir uns nicht auch wie kleine Götter darüber
hinaussetzen?"

Sonntags, 28. März.

Er hatte in seinem Garten mit Eckermann gespeist.   Als
ich um 5 Uhr Nachmittags zu ihm kam, stand Durands Porträt
von Schmeller auf der Staffelei.   „Das soll wohl Durand sein,"
sagte ich, worauf Goethe versetzte, „er selber ist es freilich nicht.
Und ich merkte alsobald, daß ihn meine skeptische Aeußerung
geärgert habe.

Er bat, ich möchte ihm das Merkwürdigste aus den Zeitungen erzählen; über Griechenland, die alte Morgue;[1] es sei
albern von Capo d'Istria, wenn er die griechischen Primaten
schelte, sie taugten überall nichts; nicht bloß dort.   Er dankte
Gott, daß er kein Philhelene sei, sonst würde er sich über den
Ausgang des Drama jämmerlich ärgern.   Er redete dann von l'âne
mort et la femme guillotinée" und von der „Palingénésie sociale,"
die er ein schwaches Werk nannte.   Er habe lang genug über
diese Probleme gedacht, mit Herdern, ehe die Ideen 2c. gedruckt
worden, Alles vielfach durchsprochen, und so verdrieße es ihn zu
lesen, was Andere minder gehaltvoll darüber faselten.   Es komme
nichts dabei heraus, solche Probleme seien einmal nicht zu lösen.
Was wolle das heißen: Stadt Gottes? Gott habe keine Stadt,

---

[1] Das Ausstellungszimmer für die in Paris aufgefundenen Leichen.
Vergl. den kurzen Aufsatz Goethe's. XXIX. 102.

[2] Jules Janin, L'âne mort etc.   Paris 1827.

sondern ein Reich), kein Reich, sondern eine Welt, keine Welt, sondern Welten.

Coudray kam dazu. Er lobte den aus England zurückgekommenen jungen Architekten Kirchner, auf den der sel. Großherzog so viel gewendet habe.

Goethe zeigte uns seine Präparate von Schnepfenköpfen, merkwürdig wegen der ungeheuer großen Augen. Darauf kam das Gespräch auf vergleichende Anatomie, und Goethe wiederholte, was in seinem Gedichte: „Metamorphose des Thierreichs" vorkommt: Gott selbst könne keinen Löwen mit Hörnern schaffen, weil er nicht die von ihm selbst für nothwendig erkannten Naturgesetze umstoßen könne.

Hernani sei eine absurde Composition, ebenso der Gustav Adolf und die Christine.

Ueberhaupt hätten die Franzosen seit Voltaire, Buffon und Diderot doch eigentlich keine Schriftsteller erster Größe gehabt, keinen bei dem die geniale Kraft, die Löwentatze so recht entschieden hervorgetreten. Paul und Virginie, ingleichen Attala könne man allenfalls noch gelten lassen. Wenn die Franzosen sich mausig machen, so will ich es ihnen noch vor meinem seligen Ende recht derb und deutlich vorsagen. Ach, wenn man so lange gelebt hat wie ich und über ein halbes Jahrhundert mit so klarem Bewußtsein zurückschaut, so wird einem das Zeug alles, was geschrieben wird, recht ekelhaft.

Wir kamen auf Milosch und die Serbier. „Ja, sagte er, es war doch eine schöne Zeit, als die Uebersetzung der serbischen Gedichte zuerst hervortrat, und wir so frisch und lebendig in jene eigenthümlichen Zustände hinein versetzt wurden. Jetzt liegt mir das ferne, ich mag nichts mehr davon wissen.

Seit ich keine Zeitungen mehr lese, bin ich ordentlich wohler und geistesfreier. Man kümmert sich doch nur um das, was andere thun und treiben, und versäumt, was einem zunächst obliegt.

Ich habe Natur und Kunst eigentlich immer egoistisch studiert, nämlich um mich zu unterrichten. Ich schrieb auch nur darüber, um mich immer weiter zu bilden. Was die Leute daraus machen, ist mir einerlei.

Er wurde immer redseliger und behaglicher, doch nicht recht gemüthlich.

Den 5. April.

„Ich kann eigentlich mit Niemandem mehr über die mir wichtigsten Angelegenheiten sprechen, denn Niemand kennt und versteht meine Prämissen. Umgewandt verstehe ich z. B. Vogeln gar sehr gut, ohne seine Prämissen zu kennen; sie sind mir a priori klar, ich sehe aus seinen Folgerungen, welche Prämissen er gehabt haben muß."

Den 7. April.

Nur eine Stunde bei ihm. Wir sprachen von der Idee, alte fürstliche Frauenbilder in der Bibliothek an die Stelle der Gelehrten = Portraits aufzuhängen.   Färbers von Jena anfängliche Gegenwart gab zu der Aeußerung Anlaß: Niemand weiß es genug zu schätzen, was man mit Leuten ausrichten kann, die an uns herauf gekommen sind, sich eine lange Jahresreihe hindurch an uns fortgebildet haben.

Nun fiel das Gespräch auf Männer=Liebe und Johannes Müller.

Er entwickelte, wie diese Verirrung eigentlich daher komme, daß nach rein ästhetischem Maßstab der Mann immerhin weit schöner, vorzüglicher, vollendeter wie die Frau sei. Ein solches einmal entstandenes Gefühl schwenke dann leicht ins Thierische, grob Materielle hinüber. Die Knabenliebe sei so alt wie die Menschheit, und man könne daher sagen, sie liege in der Natur, ob sie gleich gegen die Natur sei.

Was die Cultur der Natur abgenommen habe, dürfe man nicht wieder fahren lassen, es um keinen Preis aufgeben. So sei auch der Begriff der Heiligkeit der Ehe eine solche Cultur= Errungenschaft des Christenthums und von unschätzbarem Werth, obgleich die Ehe eigentlich unnatürlich sei.

„Sie wissen, wie ich das Christenthum achte, oder Sie wissen es vielleicht auch nicht; wer ist denn noch heut zu Tage ein Christ, wie Christus ihn haben wollte? Ich allein vielleicht, ob ihr mich gleich für einen Heiden haltet. Genug dergleichen

Culturbegriffe sind den Völkern nun einmal eingeimpft und laufen durch alle Jahrhunderte; überall hat man vor ungeregelten, ehelosen Liebesverhältnissen eine gewisse unbezwingliche Scheu, und das ist recht gut. Man sollte nicht so leicht mit Ehescheidungen vorschreiten.

Was liegt daran, ob einige Paare sich prügeln und das Leben verbittern, wenn nur der allgemeine Begriff der Heiligkeit der Ehe aufrecht bleibt. Jene würden doch auch andere Leiden zu empfinden haben, wenn sie diese los wären."

Er lobte den Prinzen August von Gotha und Grimm. Jener erzählte oft von einem eigensinnigen, absurden, alten Herzog von Sachsen,[1] daß er, als man ihm einstmal dringende Vorstellungen gethan, er möge doch sich bedenken, besinnen ꝛc., geantwortet: „Ich will nichts bedenken, nichts überlegen, wozu wäre ich denn sonst Herzog von Sachsen?" Prinz August hatte große Geduld mit mir, ich war oft gar zu verrückt, mitunter freilich aber auch ganz leidlich.

Sonnabends, 24. April.

Als ich von Rauchs zu hoffendem Besuch bei seiner Heimreise von München sprach, äußerte er. „Ich hoffe nicht, daß er komme; zu was soll das helfen? Es ist nur Zeitverderb. Es kommt nicht darauf an, daß die Freunde zusammenkommen, sondern darauf, daß sie übereinstimmen. Die Gegenwart hat etwas Beengendes, Beschränkendes, oft Verletzendes, die Abwesenheit hingegen macht frei, unbefangen, weist Jeden auf sich selbst zurück. Was mir Rauch erzählen könnte, weiß ich längst auswendig."

Als wir auf Hernani und die neue französische Schule kamen, bemerkte er: „Die Franzosen bekommen doch kein achtzehntes Jahrhundert wieder, sie mögen machen, was sie wollen. Wo haben sie etwas aufzuweisen, das mit Diderot zu vergleichen wäre? Seine Erzählungen wie klar gedacht, wie tief empfunden, wie kernig, wie kräftig, wie anmuthig ausgesprochen! Als uns dieß durch Grimms Correspondenz in einzelnen Fragmenten zu-

---

[1] Nach einem Briefe Karl Augusts ist Prinz Ludwig Ernst von Gotha, geb. 28. Dec. 1707, General-Lieutenant im Münster'schen Dienste, † 13. Aug. 1763, gemeint.

kam, wie begierig faßte man es auf, wie wußte man es zu
schätzen! Ja, da war noch eine Zeit, wo etwas Eindruck machte;
jetzt läßt man Alles leichtsinnig vorübergehen. Es will was
heißen für die neueren Schriftsteller in Frankreich, sich von so
großen Traditionen und Mustern, von einem so ausgebildeten
abgeschlossenen, großartigen Zustand loszureißen und neue Bahnen
zu betreten!

Wir andern dummen Jungen von 1772 hatten leichteres
Spiel, wir hatten nichts hinter uns, konnten frisch darauf los-
gehen und waren des Beifalls gewiß, wenn wir nur einigermaßen was Tüchtiges lieferten."

Wir kamen auf Reiseprojecte und industrielle Unternehmungen
zu sprechen, die er alle verwarf. Auf meine Bemerkung, daß er
über diese Gegenstände sonst ganz anders gedacht, sagte er: „Ei,
bin ich denn darum 80 Jahre alt geworden, daß ich immer dasselbe denken soll? Ich strebe vielmehr täglich etwas Anderes,
Neues zu denken, um nicht langweilig zu werden. Man muß
sich immerfort verändern, erneuen, verjüngen, um nicht zu
verstocken. Da hat mir jetzt so ein Ueber-Hegel aus Berlin seine
philosophischen Bücher zugeschickt, das ist wie die Klapperschlange,
man will das verdammte Zeug fliehen und guckt doch hinein.
Der Kerl greift es tüchtig an, bohrt gewaltig in die Probleme
hinein, von denen ich vor 80 Jahren so viel als jetzt wußte,
und von denen wir alle nichts wissen und nichts begreifen. Jetzt
habe ich diese Bücher versiegelt, um nicht wieder zum Lesen verführt zu werden.

„Mit Briefantworten muß man nolens volens Bankerott
machen, und nur unter der Hand diesen oder jenen Creditor
befriedigen. Meine Maxime ist: wenn ich sehe, daß die Leute
bloß ihretwegen an mich schreiben, etwas für ihr Individuum
damit bezwecken, so geht mich das nichts an; schreiben sie aber
meinetwegen, senden sie etwas mich Förderndes, Angehendes,
dann muß ich antworten. So hat mir Rochlitz jetzt etwas gar
Schönes über meinen zweiten römischen Aufenthalt geschrieben; da
habe ich auch gleich geantwortet. Ihr jungen Leute wisset freilich
nicht, wie kostbar die Zeit ist, sonst würdet ihr sie mehr achten."

Im Ganzen war er heut' sehr lebhaft, aufgeregt, geistreich,

aber mehr ironisch und bizarr als gemüthlich, mehr negativ als positiv, mehr humoristisch als heiter. Nicht leicht habe ich seine Proteus-Natur sich in alle Formen zu verwandeln, mit Allem zu spielen, die entgegengesetztesten Ansichten aufzufassen und gelten zu lassen, anmuthiger hervortreten sehen.

Im Mai.

„Geoffroy de St. Hilaire hat mit seinem Urtypus aller Organisationen und mit seinem Système d'analogies ganz recht gegen Cuvier, der doch nur ein Philister ist. Ich verfiel längst auf jenen einfachen Urtypus; kein organisches Wesen ist ganz der Idee, die zu Grunde liegt, entsprechend; hinter jedem steckt die höhere Idee; das ist mein Gott, das ist der Gott, den wir alle ewig suchen und zu erschauen hoffen, aber wir können ihn nur ahnen, nicht schauen!"

Sonntags, den 6. Juni.

Abends vor dem Hofe ein Stündchen bei ihm. Er war ein wenig abgespannt und negirend, doch sehr freundlich. Ich gab ihm seines Sohnes Mailänder Briefe zurück, mich wundernd, daß er nichts vom Dom geschrieben. „Er weiß schon, daß ich mir nichts daraus mache, ich nenne ihn nur eine Marmorhechel. Ich lasse nichts von der Art mehr gelten, als den Chor zu Köln; selbst den Münster nicht."

Als ich ihm von dem edlen Streben der Frau Großfürstin, Weimar in der bisherigen Bedeutung, vorzüglich in socialer Hinsicht zu erhalten, erwiederte er: Das Streben ist recht und löblich, aber man muß nur den falschen Begriff einer Centralisation fern halten. Weimar war gerade nur dadurch interessant, daß nirgends ein Centrum war. Es lebten bedeutende Menschen hier, die sich nicht mit einander vertrugen; das war das Belebendste aller Verhältnisse, regte an und erhielt Jedem seine Freiheit. Jetzt finden wir hier kaum sechs Menschen, die zusammen in einen geselligen Kreis paßten und sich unterhalten könnten, ohne einander zu

stören. Und nun ging er die bedeutendsten unsrer Männer durch
mit epigrammatischer Schärfe und schneidender Kritik. Darum,
damit schloß er, entsage ich der Geselligkeit und halte mich an
die Tête à tête. Ich bin alt genug, um Ruhe zu wünschen.
Ich habe keinen Glauben an die Welt und habe verzweifeln
gelernt.

„Was für ein unseliger Kunstkenner ist Quandt. Lauter
Tobiase zu acquiriren! Sind doch die Dresdner selbst blind und
bedürften der Fischblase allerseits. Vielleicht wird in der Elbe
einmal ein tüchtiger Hecht gefangen, mit dessen Leber sie sich die
Augen auswischen können." Er redete mir sehr zu, Müfflings
Gedicht [1] an den Großsultan dem Chaos zu überlassen.

Dienstags, den 8. Juni.

Nachmittags von 4 bis 6 Uhr war ich bei ihm, wo ich ihn
sehr heiter und mittheilend fand. „Ich bin wohl spät vernünftig
geworden, aber ich bin es nun doch." Er theilte mir die Reise-
route seines Sohnes an den Comersee und die Borromäischen
Inseln mit. Eckermann versteht am besten literarische Productionen
mir zu extorquiren durch den verständigen Antheil, den er an
dem bereits Geleisteten, bereits Begonnenen nimmt. So ist er
vorzüglich Ursache, daß ich den Faust fortsetze, daß die zwei ersten
Akte des zweiten Theils beinahe fertig sind.

Ich nahm Anlaß ihn an die Vollendung des vierten Theils
seiner Memoiren zu erinnern. Er sagte, in ruhigen vier Wochen
könnte ich wohl damit zu Stande kommen, aber jetzt beschäftigt
mich meine neue Edition der Pflanzen-Metamorphose allzusehr.
Uebrigens wird der vierte Theil nur das Jahr 1775 umfassen,
aber einen wichtigen, inhaltvollen, gleichsam bräutlichen Zustand
derselben darstellen, eine Hauptkrisis meines Lebens.

Das „Glaubensbekenntniß eines Denkgläubigen" nannte er,
obwohl nicht mißbilligend, eine betrübende Erscheinung, weil sie

---

[1] In Fr. C. Ferd. v. Müfflings „Aus meinem Leben" nicht erwähnt. Goethe's Aeußerung ist wohl scherzhaft, und er spielte auf den
Namen Chaos an?

auf Halbheit und kümmerlicher Accommodation beruhe. Man müsse entweder den Glauben an die Tradition festhalten, ohne sich auf ihre Kritik einzulassen, oder wenn man sich der Kritik ergebe, jenen Glauben aufgeben. Ein drittes sei nicht gedenkbar. „Mir bleibt Christus immer ein höchst bedeutendes, aber problematisches Wesen."

„Die Menschheit steckt jetzt in einer religiösen Krisis, wie sie durchkommen will, weiß ich nicht, aber sie muß und wird durchkommen.

Seit die Menschen einsehen lernen, wie viel dummes Zeug man ihnen aufgeheftet, und seit sie anfangen zu glauben, daß die Apostel und Heiligen auch nicht bessere Kerls als solche Bursche wie Klopstock, Lessing und wir andern armen Hundsfötter gewesen, muß es natürlich wunderlich in den Köpfen sich kreuzen.

Mein Vater war ein tüchtiger Mann, aber freilich fehlte ihm Gewandtheit und Beweglichkeit des Geistes. Er ließ mich mit meinen Possen gewähren; obgleich alterthümlicher gesinnt, in religiöser Hinsicht, nahm er doch kein Arg an meinen Speculationen und Ansichten, sondern erfreute sich seines Sohnes als eines wunderlichen Kauzes. Er tadelte nur den Leichtsinn und die geringe Achtung mit denen ich meine Leistungen behandelte; zu mancher kleinen Zeichnung zog er selbst die Einfassungslinie, oder klebte sie auf und gab Rahmen dazu."

Sonntags, 27. Juni.

Er berührte den Streit über die Wahl des Tages zur Feier der Augsburgischen Confession.[1] Goethe erklärte sich für die geschehene Verlegung, allein er gab zu, daß es politischer gewesen wäre, der Volksstimme nachzugeben. Das Volk will zum Besten gehalten sein, und so hat man Unrecht, wenn man es nicht zum Besten hält. Uebrigens muß man sich um die Erfolge nichts kümmern, wenn der Beschluß vernünftig war.

[1] Endlich wurde in Weimar d. 27. Juni festgesetzt. Ein feierlicher Gesang auf dem Markte und Zug in die Stadtkirche wurde befohlen. (Geh. St.-Archiv).

Montags, den 28. Juni.

Ueber drei Stunden weilte ich bei ihm. Er war heiterer Laune und sehr mittheilend, zeigte mir eine Menge eigener Zeichnungen. Es kann nicht Alles gerathen wie es sollte; das ist eben das Leben; was ist's nun weiter? Erhard, der Arzt, den Varnhagen[1] trefflich schildert, war eben auch ein hübsches Talent, ein guter Kopf, aber einer von den unzulänglichen Menschen, die einem so viel Qual machen, weil sie sich einbilden etwas zu sein, etwas zu können, etwas zu sollen, dem sie nicht gewachsen sind, und aus ihrer Sphäre herausgehen.

Als ich mich über Varnhagens Productivität wunderte, sagte er: „O Gott, der Tag ist lang, man kann entsetzlich viel thun, wenn man mit Folge arbeitet und Langeweile flieht." Als ich ihm Elsholtzens Hofdame[2] gab, entgegnete er: „Die guten Menschen, wenn sie nur auch was Gutes machen könnten."

Dann erzählte er vom! Aufbau des Klosters im Park und von der Wiederauffindung des darauf bezüglichen Sigmund v. Seckendorfischen Gedichtes.[3]

Bonnet nannte er den wackern, guten Naturhans! Voltaire, einer der größten Geister, hatte im hohen Alter die Schwachheit, noch ein neues Trauerspiel von sich aufführen zu lassen; ich dagegen spüre immer mehr Neigung, das Beste was ich gemacht und noch machen kann, zu secretiren.

Er erzählte von der ehemaligen Freitagsabendgesellschaft bei sich zu literarischen Zwecken. Der Herzog habe öfters beigewohnt und einst, als ihm eine Vorlesung des Staatsraths, damaligen Hofmedicus Hufeland[4] sehr gefallen, alsobald beschlossen, ihn zum Professor in Jena zu machen. Ueberhaupt habe der Herzog eine wahre Passion für Jena gehabt. Jene literarische

----

[1] Denkwürdigk. des Philosophen und Arztes Jh. Benj. Erhard. Stuttgart 1830.

[2] Lustspiel von 1830.

[3] Gedruckt in Goethe's Aufsatz: das Louisenfest. Vergl. Riemer II. 66. Goethe's Werke Ausg. von 1842. 8. p. 229.

[4] Kam 1793 nach Jena.

Gesellschaft, wie überhaupt alles Gemeinsame, Harmonische unter
Weimars ersten Männern habe eigentlich Böttiger gestört durch
seine Klatschereien. Alles was er zu sehen oder zu hören bekommen, habe er nur zu seinen egoistischen Zwecken zu benutzen
gestrebt.

Montags, 2. Juli.

Er lobte meine Rede am Johannisfest.[1] Ein mäßiger En-
thusiasmus, wie er sich nothdürftig rechtfertigen läßt; Alles wohl
zusammen gestellt, gute rhetorische Motive: „Ich bin alt genug,
um das, was mir zu Ehren geschrieben wird, wie ein Un-
parteiischer beurtheilen und loben zu können."

Sodann zeigte er eine herrliche Handzeichnung von Ludwig
Carracci, ein Wunder mit verwandelten Rosen vorstellend, und
stimmte in mein Lob über l'âne mort et la femme guillotinée.

„Der ärgerliche Fall[2] mit Reinhards Schwiegersohn ist ein
wahrhaft tragischer; denn tragisch nenne ich eine Situation aus
der kein Ausgang war, keine Composition gedenkbar ist."

Zufriedenheit mit meinen Aeußerungen über die Geschichte
seines botanischen Studiums.

„Man darf die Grundmaxime der Metamorphose nicht allzu
breit erklären wollen; wenn man sagt: sie sei reich und productiv wie eine Idee, ist das beste. Man muß lieber sie an
einzelnen Beispielen verfolgen und anschauen.

Das Leben kehrt eben so gut in der kleinsten Maus wie
im Elephanten-Koloß ein und ist immer dasselbe; so auch im
kleinsten Moos wie in der größten Palme."

Als ich sagte: das unendlich üppige Entfalten des kleinsten
Samenkorns zu einem riesenhaften Baume sei wie eine Schöpfung
aus Nichts, erwiederte er: ja, aus Etwas. Verstünde die Natur
nicht, auch das Kleinste, uns gänzlich Unmerkbare im Raume
zusammen zu ziehen und zu consolidiren, wie wollte sie es da
anfangen, ihren unendlichen Zwecken zu genügen?

[1] In der Loge Amalia zur Feier des 50jährigen Maurerjubiläums.
[2] Discrete Privatsache.

Den 5. Januar 1831.

Ich war von 6 bis 8 Uhr Abends bei ihm. Er genehmigte
völlig den letzten Testamentsentwurf und zeigte sich sehr dankbar
dafür, daß ich ihm diese große Sorge von der Brust nahm. Wir
sprachen dann von Sternbergs schöner Beschreibung seiner
Fahrt nach Helgoland. Walter Scotts Briefe über Geister=
erscheinungen und Hexerei hatte Goethe eben gelesen und lobte
sie sehr; auch berührte er Niebuhrs gehaltvollen Brief bei Ueber=
sendung des zweiten Theils seiner Römischen Geschichte, in deren
Vorrede ein Zeitalter der Barbarei als Folge der französischen
Revolutionen geweissagt wird. „Der Wahnsinn des französischen
Hofes, äußerte Goethe, hat den Talisman zerbrochen, der den
Dämon der Revolutionen gefesselt hielt.“

„Die Phantasie wird durch Niebuhrs Werk zerstört, sagte
Goethe; aber die klare Einsicht gewinnt ungemein.“

Darauf sprach er von dem merkwürdigen Condolenzbrief
des Kaufmanns Massow in Calbe an Goethe und dessen Dank=
brief an Vogel.

Goethe meinte: „es müsse doch ein innerlicher, empfindungs=
warmer Mensch sein.

Ja, ja, es leben doch hier und da noch gute Menschen, die
durch meine Schriften erbaut worden. Wer sie und mein Wesen
überhaupt verstehen gelernt, wird doch bekennen müssen, daß er
eine gewisse innere Freiheit gewonnen.

Die Abende in Calbe mögen manchmal lang sein; da freut
sich denn so Einer, wenn er eine Ahnung bekommt, was eigent=
lich im Menschen steckt. Aber was hilft es ihm wohl? Zum
rechten Durchdringen kommt es doch nicht leicht. Ach es ist
unsäglich, wie sich die armen Menschen auf der Erde abquälen!“

Es schien ihm Bedürfniß diesen Abend recht viel, was mir
interessant sein möchte, mitzutheilen. „Man sollte das öfter thun,
sagte er, oft kann man damit einem Freunde Freude machen und
mancher gute Gedanke keimt dabei auf. Nun, wenn ich nur
erst meine Testamentsorge vom Herzen habe, dann wollen wir
wieder frisch auftreten. Zehn neue Bände meiner Schriften sind

fast schon parat. Vom zweiten Theil des Faust der fünfte Akt und der zweite fast ganz; der vierte muß noch gemacht werden, doch im Nothfall könnte man ihn sich selbst construiren, da der Schlußpunkt im fünften Akt gegeben ist."

Ich fand Goethen diesen Abend ganz besonders liebenswürdig und mild, und ich jammerte fast wegeilen zu müssen, um Devrient noch in der Aussteuer zu sehen.

Dienstags, den 30. März.

Abends war ich nur eine halbe Stunde bei Goethe. Er war freundlich, doch minder theilnehmend und lebendig, wie sonst, weil er noch immer etwas leidend am Fuße ist. Nach Außen lehnte er jede Beziehung ab; „ich will nichts von den Freuden der Welt, wenn sie mich nur auch mit ihren Leiden verschonen wollte. Wenn man etwas vor sich bringen will, muß man sich knapp zusammen nehmen und sich wenig um das kümmern was Andere thun."

Donnerstags, den 31. März.[1]

Heute brachte ich mehrere Stunden bei ihm zu. Anfangs mit Conta, der von München erzählte, dann kam der Großherzog, später noch Spontini auf seiner Rückreise von Paris. Er gefiel mir sehr wohl als feiner, lebendiger Mann; jetzt beschäftigt ihn die Composition einer von Jouy gedichteten Oper „Les Athéniennes,"[2] deren Motive Goethe sehr lobte.

Daß ich ihn im vordern, sogenannten Deckenzimmer traf, war schon ein gutes Zeichen, er hatte früh Besuch von der Hoheit gehabt. Im Ganzen war er heute viel munterer, Spontini und mehreres Politische und Literarische, was ich erzählte, heiterten ihn

---

1 Eckermann II. 335 und III. 350. An letzter Stelle ist bei Eckermann ein Irrthum. Mittwoch kann 1831 nicht auf den 31. März fallen.

2 Goethe's Werke XXIX. 107. Goethe-Zelters Briefwechsel VI. 361, 365 sind für den weitern Verlauf der Sache zu lesen.

auf. Walter Scotts Napoleon könne man nur dann mit Behagen lesen, wenn man sich einmal entschließe, eine stock = eng-
lische Sinnes= und Urtheilsweise über jene große Welterscheinung
kennen zu lernen. In solcher Beziehung habe er Geduld genug
gehabt, es im Englischen völlig hinaus zu lesen. Viel sprach er
über Klingers Tod, [1] der ihn sehr betrübt hat. „Das war ein
treuer, fester, derber Kerl, wie keiner."

„In früherer Zeit hatte ich auch viele Qual mit ihm, weil
er auch so ein Kraftgenie war, das nicht recht wußte was es
wollte. Seine Zwillinge gewannen den Preis vor Leisewitzens
Julius von Tarent wegen der größeren Leidenschaftlichkeit und
Energie. Seinen „Weltmann und Dichter" habe ich nie gelesen.
Es ist gut, daß Klinger nicht wieder nach Deutschland kam; der
Wunsch darnach war eine falsche Tendenz. Er würde sich in
unserem sansculottischen Weimar und resp. Deutschland nicht
wieder erkannt haben, denn seine Lebenswurzel war das monar-
chische Princip."

Zuletzt erzählte er eine Anekdote von den zwei vornehmen
Zöglingen im Cadetten=Institut, die Klinger absichtlich gegen die
Gesetze ausprügeln ließ.

B. Mittwoch, 20. April.

Bei Goethe traf ich Schweitzer; später kam der Großherzog.
Goethe war ausnehmend munter und anmuthig in seinen Gesprächen; er verglich Franz Tettau [2] mit dem Hofnarrengeschlecht,
dessen Eigenschaften vorzüglich im groben bon sens und furcht-
loser Aufrichtigkeit beständen. Ferner erzählte er von den Frankfurter Meßanstalten, und wie er in seiner Jugend noch einen
Kopf von den drei im 17. Jahrhundert hier gerichteten Rebellen
gegen die Stadt oben am Brückenthurm nach Sachsenhausen zu
aufgesteckt gesehen. [3] Nur wer ehemals als Page, fuhr er fort,

[1] 25 Januar 1831.

[2] Er lebte im v. Egloffsteinischen Hause, war ein halb blödsinniger
Mensch, der zu allerlei Dienstleistungen verwandt wurde.

[3] Aus dem Fettmilch'schen Aufstande. Vergl. über die Geschichte
des Aufstandes: Kirchners Ansichten von Frankfurt 1. 133, Lange's Geschichte von Frankfurt S. 251, Archiv für Frankfurter Geschichte und

hinter dem Stuhle gestanden, wisse den Sitz an der Hoftafel
recht zu schätzen. So auch strebten die in Städten vom Magi=
strat erst recht unter der Schere Gehaltenen am meisten nach
Magistratsstellen für sich selbst. Als der Großherzog sehr bewegt
und enthusiastisch über die Frau v. Beaulien sprach, sagte Goethe,
sie habe bei männlicher, ritterlicher Kraft, weibliche Anmuth zu
bewahren gewußt.

Den 1. Januar 1832.

Zwischen 5 und 6 Uhr trafen Coudray und ich ihn sehr
heiter und aufgelegt, ja er neigte sehr zu seiner Lieblingsform,
der Ironie.

Als ich das Verbot von Raumers Untergang Polens rügte,
vertheidigte er es lebhaft. „Preußens frühere Handlungsweise
gegen Polen jetzt wieder aufzudecken und in übles Licht zu stellen,
kann nur schaden, nur aufreizen. Ich stelle mich höher, als die
gewöhnlichen platten moralischen Politiker; ich spreche es geradezu
aus: Kein König hält Wort, kann es nicht halten, muß stets den
gebieterischen Umständen nachgeben; die Polen wären doch unter=
gegangen, mußten nach ihrer ganzen verwirrten Sinnesweise
untergehen; sollte Preußen mit leeren Händen dabei ausgehen,
während Rußland und Oesterreich zugriffen? Für uns arme
Philister ist die entgegengesetzte Handlungsweise Pflicht, nicht für
die Mächtigen der Erde.“

Sodann zeigte er uns die schöne Medaille Alexanders von
Medici, auch einen herrlichen bronzenen Knopf aus jener Zeit,
einen Amor vorstellend, zwischen zarten Arabesken. Man trug
dergleichen Knöpfe am Hute. Die Mahagoni=Schatulle, worin

Kunst, neue Folge II, 16, doch Alles nicht erschöpfend und völlig zuver=
lässig. Uebrigens waren es vier Köpfe. Der Fettmilch'sche fiel 1707
herab, wobei er auseinanderbrach; man steckte ihn mit Drähten zusammen=
gefügt wieder auf. Im Jahre 1717 fiel wieder ein Kopf herab, der im
Main verschwand; das Gleiche fand mit zwei andern statt. Der Kopf
welcher in Goethe's Jugendzeit noch sichtbar war (vergl. auch Wahrheit
und Dichtung) erhielt sich bis 1801, wo der Brückenthurm abgetragen
wurde. Lange sagt S. 290 fälschlich: 1790. (Nach gütigen Mittheil
meines Collegen Dr. Kriegk in Frankfurt.)

diese Antiquitäten und viele andere Münzen verwahrt waren, stand offen, als wir eintraten. Er schloß sie sogleich mit sicht= barer Freude, etwas vor uns zu verbergen, und holte erst später mit Feierlichkeit jene Seltenheiten heraus. Auch ein Gemälde der neuentstandenen Insel Nerita, zwischen Sicilien und Malta, mit dem vulcanischen Feuerwerk, ließ er uns schauen. „Seht hier das neueste Backwerk des Weltgeistes."

Andere Zeichnungen und Lithographien, die er vorführen wollte, waren nicht gleich zur Hand und wir wurden auf ein andermal vertröstet.

Einst, erzählte er, sei er in Karlsbad mit einem österreichi= schen Magnaten zu Tisch gesessen, der sich entschuldigte, daß er Goethe's Werke noch nicht gelesen, weil er sich zum Prinzip ge= macht, Autoren erst dann zu lesen und anzukaufen, wenn keine veränderten Editionen mehr zu fürchten seien, d. h. nach ihrem Tode. „Sie sollten nach Wien kommen; dort macht man etwas aus solchen Leuten wie Sie sind."

Ein andermal sagte Goethe: „Ein heftiger, wenn gleich ungerechter Angriff, bleibt kühn und ehrenhaft; jede Verthei= digung ist immer mißlich, sei sie auch noch so gut gemacht. Das war immer unsre Maxime."

26. Februar, Sonntag Abends.

Er frug nach Professor Kunze's [1] Vorlesungen, und dieß gab bald Veranlassung zu den interessantesten Aeußerungen seiner= seits, da sich seine Theilnahme an unsern Naturstudien fort= während steigerte, als er hörte, daß wir an der Farbenlehre stünden.

„Die Sache ist eigentlich sehr einfach, aber gerade darum schwer. Die größten Wahrheiten widersprechen oft geradezu den Sinnen, ja fast immer. Die Bewegung der Erde um die Sonne — was kann dem Augenschein noch absurder sein? Und doch ist

---

[1] Kunze in Weimar, zur Zeit Hofrath und Professor der Mathe= matik, wurde von v. Müller auch bestimmt, über Goethe's Farbenlehre sich zu verbreiten. Als Kunze's Vorlesung nicht polemisch ausfiel, äußerte Goethe über unsern Verehrten: „Das muß ein artiger junger Mann sein."

es die größte, erhabenste, folgenreichste Entdeckung, die je der Mensch gemacht hat, in meinen Augen wichtiger als die ganze Bibel.

Es ist mit der Farbenlehre wie mit dem Whist oder Schachspiel. Man kann einem alle Regeln dieses Spiels mittheilen und er vermag es doch nicht zu spielen. Es kommt nicht darauf an, jene Lehre durch Ueberlieferung zu lernen, man muß sie selbst machen, etwas thun.

Die Natur spielt immerfort mit der Mannichfaltigkeit der einzelnen Erscheinungen, aber es kommt darauf an, sich dadurch nicht irren zu lassen, die allgemeine stetige Regel zu abstrahiren, nach der sie handelt.

Ihr andern habt es gut, Ihr geht in den Garten, in den Wald, beschaut harmlos Blumen und Bäume, während ich überall an die Metamorphosenlehre erinnert werde und mit dieser mich abquäle.

Im Jahre 1834 kommt der große Komet, schon habe ich an Schrön nach Jena geschrieben, eine vorläufige Zusammenstellung der Notizen über ihn zu machen, damit man einen so merkwürdigen Herrn wohl vorbereitet und würdig empfange."

A. Ortsregister.

B. Personenregister. [1]

---

[1] Vergl. Einleitung über die Einrichtung. Die bekannteren Namen haben keine Zusätze erhalten, auch wenn sie im Text nicht mit Anmerkungen versehen sind.

C. Sachregister.[1]

[1] S. das Register unter Goethe.